Nick Vujicic

Dein Leben ohne Limits

50 Powerstarts in den Tag

Aus dem Englischen
von Julian Müller

BRUNNEN
Verlag Giessen · Basel

Originally published under the title:
Limitless: Devotions for a Ridiculously Good Life
by WaterBrook Press
12265 Oracle Boulevard, Suite 200
Colorado Springs, Colorado 80921
Copyright © 2013 by Nicholas James Vujicic

This translation published by arrangement with WaterBrook Press,
an imprint of the Crown Publishing Group, a division of Random
House, Inc.

Titel der amerikanischen Originalausgabe:
Limitless: Devotions For A Ridiculously Good Life
Copyright © 2013 by Nicholas James Vujicic
Originalausgabe: WaterBrook Press

Um die Identität von Personen zu schützen,
wurden einzelne Details oder Namen verändert.

Bibelzitate folgen in der Regel der Übersetzung *Hoffnung für alle*,
© 1983, 1996, 2002 Biblica Inc.™,
herausgegeben vom Brunnen Verlag Basel.
Verwendet mit freundlicher Genehmigung. Alle weiteren Rechte
weltweit vorbehalten.

Die weiteren Übersetzungen sind wie folgt gekennzeichnet:
NL – Neues Leben. Die Bibel © 2002 und 2006 SCM R.Brockhaus
im SCM-Verlag GmbH & Co. KG, Witten.
L – Lutherbibel, revidierter Text 1984, durchgesehene Ausgabe, ©1999
Deutsche Bibelgesellschaft, Stuttgart.

© der deutschsprachigen Ausgabe
2014 Brunnen Verlag Gießen
www.brunnen-verlag.de
Lektorat: Konstanze von der Pahlen
Coverfoto: © Mike Heath, Magnus Creative
Umschlaggestaltung: Sabine Schweda
Satz: DTP Brunnen
Druck: CPI – Ebner und Spiegel, Ulm
ISBN 978-3-7655-4238-1

Inhalt

Los geht's!

Willkommen zu meinen 50 Powerstarts für jeden Tag! Meine beiden Bücher *Mein Leben ohne Limits* und *Freihändig* haben mir als Fundgrube dafür gedient. Die Impulse und Geschichten sind als tägliche Mutmacher gedacht – aber du kannst sie auch einfach dann lesen, wenn dir danach ist. Da gibt's keine Regeln.

Wie du wahrscheinlich aus meinen Vorträgen, Büchern und YouTube-Videos weißt – oder dir anhand des Fotos auf dem Buchcover zusammengereimt hast –, bin ich körperlich eingeschränkter als die meisten Menschen. Ich wurde ohne Arme und Beine geboren.

Worauf ich jedoch nie verzichten musste, ist eine liebevolle und aufopferungsvolle Familie. Sie besteht nicht nur aus meinen Eltern und Geschwistern (die allesamt mit der Vollausstattung zur Welt gekommen sind), sondern auch aus vielen Cousins und Cousinen, Tanten und Onkels. Und was noch dazu kommt: Ich durfte schon als Kind Gott kennenlernen und seine grenzenlose Liebe erfahren.

Das heißt nicht, dass ich nie zu kämpfen hatte mit meinem Glauben. Vor allem in den schwierigen Jahren der Pubertät, wo man seinen Platz im Leben sucht und dazugehören möchte, hatte ich es nicht leicht. Damals lag ich Gott in den Ohren, er möge mich eines Morgens mit Armen und Beinen aufwachen lassen. Aber diese Gebete wurden nicht erhört. Deshalb wurde ich erst wütend, später resignierte ich. Negative Gedankenspiralen brachten mich dazu, einen Selbstmordversuch zu starten. Aber als mir klar wurde, wie viel Schuldgefühle und Trauer ich meiner Familie damit aufladen würde, brach ich ihn ab.

Im Lauf der Zeit verstand ich, dass meine fehlenden Arme und Beine keine Strafe Gottes waren. Vielmehr hatte er einen Plan für mich, einen schier unfassbaren Plan: Ich sollte ihm dienen, indem ich andere motiviere und mit ihm bekannt mache.

Wenn Gott mit so jemandem wie mir etwas anfangen kann, dann kann er jeden gebrauchen. Wenn ich ohne Arme und Beine seine Hände und Füße sein kann, geht es nicht ums Können. Das Einzige, was Gott sich von uns wünscht, ist unser Herz.

Was braucht man für ein Leben mit Gott und für das Geschenk der Ewigkeit bei ihm? Eine Beziehung zu Jesus Christus als persönlichen Erlöser. Wer im Vertrauen auf Gott jeden Tag anpackt, dessen Leben kennt keine Limits. Denn wo wir schwach sind, ist Gott stark.

Das kannst du entweder ausprobieren – was ich ganz klar empfehle – oder auf den folgenden Seiten lesen, wie ich das mit meinem Leben bezeuge. Ich bin nämlich nicht behindert, sondern befreit. Im Auftrag Gottes bereise ich die Welt, wende mich an Gläubige und Gottferne, Reiche und Arme. Ich darf in Ländern von Glaube, Hoffnung und Liebe reden, in die Christen sich sonst selten wagen.

Mein Leben ist unverschämt gut, und seit meiner Hochzeit 2012 darf ich es mit einer tiefgläubigen Frau teilen, die innerlich wie äußerlich wunderschön ist. Früher war einer meiner deprimierendsten Gedanken, dass sich nie eine Frau für einen Mann ohne Arme und Beine interessieren würde. Aber ich lag falsch! Mein Blick war eingeschränkt. Ich hatte vergessen, dass wir einen liebenden Gott haben, dessen Weisheit unser Verstehen einfach übersteigt.

Vielleicht fällt es dir schwer zu sehen, was Gott noch für dich geplant hat. Ich möchte dir mit diesem Buch helfen, deinen Blick zu weiten und dein Gottvertrauen zu stärken. Lass mich dir erzählen, was er für mich und viele Männer, Frauen und Kinder getan hat, die ich auf meinen Reisen getroffen habe.

Ich hoffe, du kannst aus den Powerstarts etwas für deinen Tag mitnehmen und hast Spaß beim Lesen. Darüber hinaus wünsche ich dir aber, dass du mit Gott auf einen guten Weg kommst und die Gewissheit in dir wächst, dass mit ihm nichts unmöglich ist.

1 Trau dich zu träumen

Als ich verbittert war und mich vor Kummer ver-
zehrte, da war ich dumm wie ein Stück Vieh, denn
ich verstand dich nicht. Jetzt aber bleibe ich immer
bei dir, und du hältst mich bei der Hand. Du
führst mich nach deinem Plan und nimmst mich
am Ende in Ehren auf. Herr, wenn ich nur dich
habe, bedeuten Himmel und Erde mir nichts.

Psalm 73,21-25

Oft werde ich gefragt: „Nick, wie schaffst du es nur, glücklich zu sein?" Hier kommt die Kurzversion: Ich bin zwar schrecklich unvollkommen, aber trotzdem der perfekte Nick Vujicic! Als mir das aufging, war meine Depri-Phase vorbei. Ich bin Gottes Geschöpf und passe genau zu dem Plan, den er sich für mich ausgedacht hat. Das heißt aber nicht, dass da nicht noch Luft nach oben ist. Ich versuche täglich neu, mich ihm aus ganzem Herzen zur Verfügung zu stellen.

Wenn du mich fragst: Mein Leben hat keine Limits. Und ich möchte dich ermutigen, genauso zu denken. Egal, welches Päckchen du zu tragen hast. Nimm dir einen Moment Zeit und denke darüber nach, welche Limits du deinem Leben selbst gesetzt oder von anderen gesetzt bekommen hast. Und dann stell dir vor, wie es wäre, frei davon zu sein. Welches Leben würdest du leben, wenn *alles* möglich wäre?

Ich gelte offiziell als *behindert*, aber in Wirklichkeit bin ich durch meine fehlenden Gliedmaßen geradezu *beflügelt*. Meine spezielle Lebenssituation hat mir schon so oft die Tür zu anderen geöffnet, die selbst Nöte haben.

Du hast deine eigenen Herausforderungen, und du bist auch alles andere als vollkommen. Aber du bist nun mal du, und das ist perfekt!

Oft reden wir uns ein, wir wären nicht intelligent genug oder hübsch oder talentiert genug, um unsere Träume zu verwirklichen. Das, was andere über uns sagen, nehmen wir für bare Münze, oder wir setzen uns selbst irgendwelche Grenzen. Das Schlimme dabei ist nur: Wenn wir uns für unwürdig halten, begrenzen wir Gottes Möglichkeiten mit uns.

Wer seine Träume aufgibt, steckt Gott in eine Schachtel. Dabei sind wir seine Geschöpfe. Er hat sich uns ausgedacht, und wir existieren nicht aus Versehen. Man kann deinem Leben genauso wenig Grenzen setzen, wie man Gottes Liebe eindämmen kann. Trau dich zu träumen – es gibt kein Limit!

Dein Leben ohne Limits

Ich habe die Wahl. Du hast die Wahl. Wir können uns auf unsere Schwächen konzentrieren und darauf, was schiefgelaufen ist. Wir können verbittert, wütend oder deprimiert sein. Oder aber wir beschließen, aus den harten Zeiten zu lernen und vorwärtszugehen. Unseres Glückes Schmied zu werden. Am besten, du überlegst dir jetzt schon eine Strategie, wie du auf die nächste Krise reagieren willst.

2 Das Beste draus machen

*Höre mich, o Herr, und antworte mir, denn ich
bin niedergeschlagen und hilflos! Rette mein Leben – ich gehöre doch zu dir! Hilf mir, denn ich
vertraue dir! Du bist mein Gott, und ich diene dir.
Sei mir gnädig, Herr, zu dir rufe ich den ganzen
Tag. Schenke mir wieder neue Freude, nach dir
sehne ich mich! Du, Herr, bist gut und zum Verge-
ben bereit, unermesslich ist deine Gnade für alle,
die zu dir beten.*

Psalm 86,1-5

Eins habe ich immer wieder festgestellt: Wenn ich Gott um
Hilfe bitte und mich dann an die Arbeit mache, gibt es keinen
Grund, Angst zu haben. Ich weiß einfach: Er ist da und passt
auf. Meine Eltern haben mir das jeden Tag vorgelebt. Sie sind
meine größten Vorbilder, was das Anpacken und Durchbeißen
betrifft.

Obwohl an mir „ein paar kleine Bauteile" fehlen, wie meine
Mutter sagt, bin ich in vielerlei Hinsicht gesegnet. Meine Eltern waren immer für mich da. Sie haben mich nicht verhät-
schelt. Wenn es nötig war, wurde ich gemaßregelt, und ich
durfte meine eigenen Fehler machen. Meine Eltern sind wahre
Helden für mich.

Ich war ihr erstes Kind und auf jeden Fall ein ziemliches

Überraschungspaket. Obwohl meine Mutter alle Schwangerschaftsuntersuchungen absolvierte, entdeckten die Ärzte keinerlei Anzeichen dafür, dass ich ohne Arme und Beine auf die Welt kommen würde. Meine Mutter war erfahrene Hebamme und hatte Hunderte von Kindern zur Welt gebracht. Sie wusste genau, worauf man während der Schwangerschaft achten muss.

Natürlich waren sie und mein Vater völlig perplex, als ich ohne Gliedmaßen „geliefert" wurde.

Wie bei allen Babys fehlte auch bei mir die Betriebsanleitung, und meine Eltern hätten sich sicher über einen kleinen Leitfaden gefreut. Sie kannten kein anderes Paar, das ein Kind ohne Gliedmaßen in einer Welt für „normale" Leute aufgezogen hatte.

Zunächst waren sie völlig bestürzt. Wut, Schuldgefühle, Angst, Niedergeschlagenheit, Verzweiflung – eine Woche lang spielten ihre Emotionen verrückt. Sie vergossen viele Tränen. Sie trauerten um das perfekte Kind, das sie sich gewünscht, aber nicht bekommen hatten. Und sie grämten sich, weil sie befürchteten, dass ich ein sehr schweres Leben haben würde.

Meine Eltern konnten sich nicht vorstellen, was Gott mit einem Kind wie mir anfangen sollte. Aber als sie sich vom ersten Schock erholt hatten, beschlossen sie, ihm zu vertrauen und das Beste daraus zu machen. Sie versuchten nicht länger zu verstehen, warum Gott ihnen so ein Kind anvertraut hatte. Stattdessen ließen sie sich auf seinen Plan ein – wie auch immer er aussehen mochte – und machten sich daran, mich so gut zu erziehen wie möglich: liebevoll und Schritt für Schritt. Etwas Besseres hätte mir nicht passieren können. Dank ihrer Liebe und ständigen Ermutigung habe ich keine Angst davor, Neues auszuprobieren.

Dein Leben ohne Limits

Vielleicht springt das Leben gerade ziemlich hart mit dir um. Du fragst dich, ob sich das Blatt irgendwann noch einmal wendet. Lass dir eins gesagt sein: Wenn du dich strikt weigerst aufzugeben, wirst du Dinge erleben, die du nie für möglich gehalten hättest. Halt an deinen Träumen fest. Bleib in der Spur, egal, was es kostet. In dir steckt alles, was du brauchst, um Veränderung zu bewirken. Was immer du dir wünschst – pack es an.

3 An Herausforderungen wachsen

Liebe Brüder und Schwestern! Betrachtet es als Grund zur Freude, wenn euer Glaube immer wieder hart auf die Probe gestellt wird. Denn durch solche Bewährungsproben wird euer Glaube fest und unerschütterlich. Bis zuletzt sollt ihr so unerschütterlich festbleiben, damit ihr in jeder Beziehung zu reifen Christen werdet und niemand euch etwas vorwerfen kann oder etwas an euch zu bemängeln hat. Wenn es jemandem von euch an Weisheit fehlt, soll er Gott darum bitten, und Gott wird sie ihm geben. Ihr wisst doch, dass er niemandem seine Unwissenheit vorwirft und dass er jeden reich beschenkt. Betet aber in großer Zuversicht, und zweifelt nicht.

Jakobus 1,2-6

Ich war schon immer der Meinung, dass wir an Herausforderungen wachsen können. Neueste Forschungserkenntnisse bestätigen meine Vermutung: In den letzten Jahren haben Psychologen Studien mit Menschen durchgeführt, die extremen Stress erlebt haben: von lebensbedrohlichen Krankheiten über Naturkatastrophen bis hin zu Todesfällen in der Familie. Man hört zwar viel über Belastungsstörungen, die solche Traumata nach sich ziehen können. Aber die Psychologen fanden auch heraus, dass Menschen, die erfolgreich mit ihren Problemen fertigwerden, posttraumatisches *Wachstum* erleben. Sie zeigen in mehreren Bereichen Fortschritte:

Sie merken, dass sie stärker sind als gedacht, und erholen sich in Zukunft schneller von Rückschlägen.

Sie finden heraus, wem sie wirklich etwas bedeuten, und diese Freundschaften und Beziehungen wachsen.

Sie wertschätzen jeden Tag und genießen die guten Dinge im Leben mehr.

Und: Ihr Vertrauen auf Gott wächst.

Ich sehe aber auch noch einen anderen Gewinn aus schweren Lasten im Leben: Den Trost, den man bei anderen und bei Gott gefunden hat, kann man an andere weitergeben, denen es nicht gut geht. Das ist für mich eine der plausibelsten Erklärungen, weil ich immer wieder erlebt habe, wie viel Wahrheit darin steckt.

Ich kann nicht von mir sagen, dass ich Gottes Plan immer verstehe. Und ich weiß, dass es im Himmel ganz anders sein wird als hier. Aber es kann einen schon ordentlich ins Taumeln bringen, wenn Gott etwas tut, was einem unfair oder sehr hart vorkommt. Deshalb sollte man die Sache gleich wieder an ihn abgeben und um seine Hilfe bitten.

Mit Krankheit, Behinderung oder anderen lebensbedrohlichen Schwierigkeiten konfrontiert zu sein und keine Angst zu haben, erscheint uns verständlicherweise als unmöglich. Aber wenn man alles in Gottes Hände legt, kann man selbst dann Frieden finden. Er gibt einem Kraft, Tag für Tag, egal ob man nun selbst betroffen ist oder jemand aus dem Freundes- und Verwandtenkreis.

Unser Leben auf dieser Erde wird irgendwann einmal zu

Ende sein. Aber es ist nicht Gottes Plan, es dabei zu belassen; er möchte uns zu sich holen, wo wir ewig leben dürfen. Und in diesem nächsten Leben wird es keine Krankheit und keinen Tod geben.

Solange wir aber auf diesem Durchgangsbahnhof sind, haben wir die Möglichkeit, Gott kennenzulernen und seine Liebe anderen Menschen zu zeigen, die sein Erlösungsangebot in Jesus noch nicht kennen. Das Leben auf der neuen Erde wird großartig werden; aber ist es nicht gigantisch, dass wir schon hier und heute eine Beziehung zu Gott haben können?

Dein Leben ohne Limits

Wie auch immer deine Lebensumstände aussehen: Gott kann dich gebrauchen. Vielleicht dauert es ein paar Jahre, bis du verstehst, wofür. Oder du wirst nie ganz begreifen, was sein Plan mit dir ist und warum dir dies oder jenes passiert ist. Aber so viel steht fest: Du darfst dein Leben jeden Tag mit der Gewissheit anpacken, dass Gott bei dir ist und dich liebt.

4 Leg deine Sorgen in Gottes Hand

Macht euch keine Sorgen! Ihr dürft Gott um alles bitten. Sagt ihm, was euch fehlt, und dankt ihm! Und Gottes Friede, der all unser Verstehen übersteigt, wird eure Herzen und Gedanken im Glauben an Jesus Christus bewahren.

Philipper 4,6+7

In Wirklichkeit dreht sich unser Leben nicht darum, was *wir* wollen. Du und ich wurden in diese Welt gestellt, weil Gott etwas mit uns vorhat. Er schickte seinen Sohn ans Kreuz, damit wir für sein Geschenk – ein ewiges Leben mit ihm – qualifiziert sind. Die krampfhafte Herrschaft über mein eigenes Leben an Gott abzugeben, hat mir unendlich viel Frieden gebracht.

Auch du kannst diesen Frieden erleben, wenn du deine Ängste und das Bedürfnis loslässt, alles unter Kontrolle zu haben. Leg deine Sorgen in Gottes Hand und versuche das zu tun, was er will.

Wenn wir vor einer Entscheidung stehen oder nach neuen Wegen suchen, können wir aber nicht immer ein Zeichen von ihm erwarten. Das passiert selten und ist eher der Sonderfall. Ich horche stattdessen in mich hinein und wähle den Weg, bei dem mein innerer Frieden am größten ist.

Wenn ich eine Entscheidung treffe oder eine Chance nutze

und dabei gelassen bleibe, habe ich das Gefühl, mit Gottes Willen im Einklang zu sein. Kommt mir aber diese Gelassenheit plötzlich abhanden, dann halte ich inne, spreche mit Gott und überdenke meine Entscheidung. Ich hoffe, Gott wird eingreifen und mich darauf aufmerksam machen, wenn ich in eine ganz falsche Richtung unterwegs bin.

Jeder hat so seine Methode, Entscheidungen zu treffen. Manche holen sich Rat von Freunden und Bekannten, andere befragen die Sterne oder entscheiden einfach aus dem Bauch heraus. Mein Weg ist Loslassen. Ich bin nämlich der Meinung, dass Gott uns am besten versteht, weil er sich uns ausgedacht hat. Er fühlt, was wir fühlen, aber sein Sichtfeld übersteigt das unsere bei Weitem. Ich lasse mir gern von vielen Leuten Ratschläge und Hilfestellungen geben, aber Gott spielt einfach in einer anderen Liga, wenn es um Führung geht.

Es bedeutet mir viel, im Leben Möglichkeiten zu haben. Manchmal habe ich das Gefühl, ich laufe den Flur eines gigantischen Hotels entlang und Hunderte von Türen warten darauf, geöffnet zu werden. Welche Türen die richtigen für mich sind, ist gar nicht so leicht herauszufinden. Aber durch Loslassen, Geduld und Vertrauen kann ich mich von Gott leiten lassen.

An einem Tag sagt Gott vielleicht Nein zu deinem Plan, aber am nächsten sagt er Ja oder hat sogar noch etwas Besseres in petto. Leider findet man erst heraus, was Gott mit einem vorhat, wenn man sich auf ihn einlässt und spürt, wie gut einem die Beziehung tut.

Immer wenn ich anfange, mir Sorgen um *meine* Ziele zu machen, erinnere ich mich daran, dass ich nur durch seine Liebe lebe und er da sein wird, wenn ich loslasse.

Glaub mir: Nichts ist so beruhigend wie die Erkenntnis, dass ich nicht alle Probleme lösen muss. Das überlasse ich schön ihm. Lass los und warte geduldig. Bei Gott ist alles möglich. Stehst du vor einer großen Entscheidung, oder belastet dich etwas? Versuch einmal loszulassen. Lass ihn dich bei deinen nächsten Schritten führen.

5 Die richtige Richtung

Denn ich allein weiß, was ich mit euch vorhabe:
Ich, der Herr, werde euch Frieden schenken und
euch aus dem Leid befreien. Ich gebe euch wieder
Zukunft und Hoffnung.

Jeremia 29,11

Als Kind Gottes bist du schön und kostbar – sogar wertvoller als alle Diamanten dieser Welt! Du und ich sind für die Rolle, die uns Gott in diesem Leben zugedacht hat, die perfekten Kandidaten. Trotzdem sollten wir immer darauf bedacht sein, vorwärtszugehen und große Träume zu haben. Gewiss, hier und da muss man unterwegs nachjustieren – schließlich ist das Leben nicht immer rosig. Aber es ist immer lebenswert. Ich bin der Beweis: Egal, wie deine Lebensumstände sind, solange du atmest, kannst du auch etwas zum Leben auf dieser Erde beitragen.

Keine Frage, das Leben kann grausam sein. Manchmal wächst der Berg aus negativen Dingen so hoch, dass man keinen Ausweg mehr sieht. Seien wir ehrlich: Als sterbliche Menschen haben wir ein sehr eingeschränktes Sichtfeld. Wir können schlicht und ergreifend nicht sehen, was vor uns liegt. Aber das ist nicht nur eine schlechte Nachricht, sondern auch eine gute. Das, was vor dir liegt, könnte doch auch deine kühnsten Träume übersteigen. Du musst nur aufstehen, über den Berg steigen und dein Gesicht zeigen!

Egal, ob bei dir alles glattläuft und du nur noch das gewisse Etwas suchst oder ob alles so finster ist, dass du am liebsten im Bett bleiben würdest: Was von diesem Augenblick an geschieht, hängt von dir und deinem Schöpfer ab.

Okay, du hast nicht alles in der Hand. Menschen werden von schlimmen Schicksalsschlägen getroffen – unabhängig davon, wie gut sie sind. Vielleicht wurdest du in schwierige Umstände hineingeboren, und das mag unfair sein. Aber wenn das deine Ausgangsposition ist, dann mach das Beste daraus. Auch wenn es Rückschläge gibt und andere an dir zweifeln.

Als ich beschloss, hauptberuflicher Redner zu werden, stellten sogar meine eigenen Eltern meine Entscheidung infrage. „Meinst du nicht, dass es besser für dich wäre, im Rechnungswesen zu arbeiten? Vielleicht sogar als Selbstständiger? Wäre das nicht eine sicherere Zukunftsperspektive?", fragte mich damals mein Dad.

Ja, es sprachen viele Gründe dafür, und nicht zuletzt, dass ich schon immer gut in Mathe gewesen war. Aber schon als junger Mensch brannte ich dafür, anderen von meinem Glauben und meiner Hoffnung auf eine bessere Zukunft zu erzählen.

Glaub mir: Wenn du deine Bestimmung gefunden hast, kommt die Begeisterung von ganz allein. Diese Aufgabe zu erfüllen, wird dein Ein und Alles.

Dein Leben ohne Limits

Wenn du noch auf der Suche nach der Bestimmung für dein Leben bist, lass dich nicht von Frust und Rückschlägen entmutigen. Das Ganze ist ein Marathon, kein Kurzstreckenlauf.

Deine Sehnsucht nach mehr Erfüllung ist ein Zeichen dafür, dass du wächst, deine Grenzen überschreitest und deine Talente entwickelst. Nimm dir regelmäßig Zeit, um zu bestimmen, wo du mittlerweile bist und ob dein Verhalten und deine Prioritäten dich immer noch in die richtige Richtung führen.

6   Verfolge ein großes Ziel

Ich gönnte mir alles, was meine Augen begehrten, und erfüllte mir jeden Herzenswunsch. Meine Mühe hatte sich gelohnt: Ich war glücklich und zufrieden. Doch dann dachte ich nach über das, was ich erreicht hatte, und wie hart ich dafür arbeiten musste, und ich erkannte: Alles war letztendlich sinnlos – als hätte ich versucht, den Wind einzufangen! Es gibt auf dieser Welt keinen bleibenden Gewinn.

Prediger 2,10+11

Helen Keller verlor noch vor ihrem zweiten Geburtstag durch eine Krankheit ihr Augenlicht und ihr Gehör. Trotzdem wurde sie eine weltberühmte Autorin, Rednerin und Aktivistin. Wahres Glück, so schrieb sie, ist, wenn man „treu ein großes Ziel verfolgt".

Was meint sie damit? Für mich bedeutet es, seinen Talenten treu zu bleiben, sie auszubauen, anderen zugutekommen zu lassen und sich daran zu erfreuen. Es bedeutet, über die bloße Befriedigung der eigenen Bedürfnisse hinauszukommen und echte Erfüllung zu suchen.

Die größte Belohnung bekommt man, wenn man etwas von sich verschenkt. Wer anderen Menschen das Leben erleichtert, sich an einer großen Sache beteiligt und etwas Positives bewirken will, weiß, wovon ich rede. Man muss keine Mutter Teresa sein, um das zu tun. Sogar ein „Behinderter" kann das.

Vielleicht bist du noch auf der Suche nach einem Lebensziel. Ich glaube, echte Erfüllung gibt es nur, wenn andere etwas davon haben. Jeder von uns möchte mit seinen Talenten und seinem Wissen mehr als nur die Rechnungen bezahlen, oder?

Obwohl uns allen eigentlich klar ist, dass Reichtum und Besitz mit Erfüllung nichts zu tun haben, müssen wir uns immer wieder daran erinnern. Die Leute von heute tun ja die verrücktesten Sachen, um das Glück zu finden. Sie trinken ein ganzes Sixpack Bier, dröhnen sich bis zur Bewusstlosigkeit mit Drogen voll oder lassen an ihren Körpern herumschnippeln, um einem beliebigen Schönheitsideal zu entsprechen. Sie arbeiten bis zum Umfallen, um es bis nach ganz oben zu schaffen, und kurz darauf reißt schon der Nächste die Krone des Erfolgs an sich.

Langfristiges Glück, das wissen die meisten vernünftigen Menschen, gibt es nicht per Abkürzung. Wer kurzfristiges Vergnügen sucht, wird auch nur kurzfristig zufrieden sein. Der schnelle Kick ist das, was er ist – heute da, morgen Geschichte.

Im Leben geht es nicht ums Haben; es geht ums Sein. Manch einer häuft alles an, was man für Geld kaufen kann, und fühlt sich trotzdem hundsmiserabel. Ich kenne Leute mit perfekten Körpern, die nicht halb so glücklich sind wie ich.

Dein Leben ohne Limits

Echte Zufriedenheit wirst du finden, wenn deine Talente und deine Leidenschaft ineinandergreifen und richtig zum Einsatz kommen. Entlarve die Ich!-Jetzt!-Alles!-Mentalität. Widerstehe der Versuchung, dich nur auf materielle Dinge wie das perfekte Haus, die besten Klamotten oder das coolste Auto zu versteifen. Das „Wenn ich X hätte, wäre ich glücklich"-Syndrom ist ein riesiger Irrglaube. Wenn du dein Glück nur in Besitz suchst, wirst du nie genug bekommen. Sieh dich um. Horch in dich hinein.

7 Hoffnung siegt

Gott, warum bist du so weit weg? Mein Gott, komm mir schnell zu Hilfe! Mit allen Mitteln kämpfen sie gegen mich — lass sie scheitern und umkommen! Nichts lassen sie unversucht, um mich ins Unglück zu stürzen. Bring Schimpf und Schande über sie! Nie werde ich aufhören, auf dich zu hoffen — loben will ich dich, je länger, je mehr. Laut werde ich es sagen: Auf deine Zusagen ist Verlass! Jeden Tag will ich erzählen, wie du aus der Not befreist; du tust viel mehr, als ich aufzählen kann! Deine machtvollen Taten will ich rühmen, Herr, mein Gott! Du hältst Wort — das allein werde ich weitersagen!

Psalm 71,12-16

Immer wieder habe ich auf meinen Reisen erlebt, zu welchen unglaublichen Dingen wir Menschen fähig sind. Ich bin auch fest davon überzeugt, dass es Wunder gibt — aber nur für die, die auch darauf hoffen. Was ist Hoffnung? Der Ort, an dem die Träume entspringen. Die Stimme deiner Berufung. Sie versichert dir: Was auch immer dir passiert, es macht dich nicht aus. Auch wenn du es nicht steuern kannst, du kannst entscheiden, wie du darauf reagierst.

Dass Hoffnung über Verzweiflung siegen kann, habe ich bei

meinem ersten Besuch in China 2008 gesehen. Ich besuchte die Chinesische Mauer und staunte nicht schlecht über dieses gewaltige Bauwerk. Den größten Eindruck haben jedoch die vor Freude leuchtenden Augen eines chinesischen Mädchens auf mich gemacht. Sie führte mit anderen Kindern eine Darbietung auf, die für die Eröffnung der Olympischen Spiele getaugt hätte. Ihr glückliches Strahlen nahm mich völlig gefangen. Während sie mit Präzision einer Choreografie folgte, balancierte sie gleichzeitig einen drehenden Teller über sich. Sie war hochkonzentriert, musste auf vieles gleichzeitig achten und strahlte trotzdem eine glückliche Zufriedenheit aus, die mir die Tränen in die Augen trieb.

Das Mädchen und alle anderen Kinder der Vorstellung waren Opfer des schweren Erdbebens, das die Region einige Monate zuvor heimgesucht hatte. Sie gehörte zu mehr als viertausend Jugendlichen und Kindern, die der Erdstoß zu Waisen gemacht hatte. Meine Pflegekraft, unser Reisekoordinator und ich waren mit einer Ladung Hilfsgüter in das große Waisenhaus gekommen. Ich sollte zu den Kindern sprechen und ihnen Mut machen.

Auf dem Weg dorthin war ich vom Ausmaß der Zerstörung schockiert. Was sollte ich den Kindern sagen? Die Erde hatte sich aufgetan und alles verschluckt, was sie gekannt und geliebt hatten. Und ich sollte ihnen helfen? Wir hatten zwar warme Jacken und andere Kleidung dabei, aber konnte ich ihnen auch Hoffnung geben?

Kaum war ich auf dem Gelände angekommen, wurde ich regelrecht überfallen. Ein Kind nach dem anderen umarmte mich. Mit Worten konnten wir uns nicht verständigen, aber das war egal. Ihre Gesichter sagten alles. Trotz ihrer traurigen

Lebenssituation strahlten sie. Ich hätte mir keine Sorgen machen müssen, womit ich die Kinder aufbauen sollte. Ich brauchte sie nicht zu motivieren. Sie haben mich motiviert! Ich war beeindruckt von ihrem Lebensmut und ihrer Tapferkeit. Sie hatten ihre Eltern, ihr Haus und ihren ganzen Besitz verloren, und doch hatten sie ein Leuchten im Gesicht.

Dein Leben ohne Limits

Hoffnung erinnert uns selbst in der dunkelsten Stunde daran, dass Gott da ist. Schau nach vorn, hab keine Scheu, dir ein besseres Leben zu wünschen, und jage mit aller Kraft deinen Träumen nach!

8   Schönheit kommt von innen

*Anmut kann täuschen, und Schönheit vergeht wie
der Wind – doch wenn eine Frau Gott gehorcht,
verdient sie Lob! Rühmt sie für ihre Arbeit und
Mühe! In der ganzen Stadt soll sie für ihre Taten
geehrt werden!*

Sprüche 31,30+31

Wenn ich davon rede, man solle sich selbst lieben und annehmen, meine ich keine eingebildete Selbstgefälligkeit. Die Selbstliebe, die ich meine, ist selbst*los*. Du gibst mehr, als du nimmst. Du bietest Hilfe an, ohne dass man dich extra darum bitten muss. Du teilst, auch wenn du nur wenig hast. Wenn du andere zum Lächeln bringst, macht dich das glücklich. Du liebst dich selbst, weil du dich nicht um dich selbst drehst. Du bist zufrieden mit dir, weil du so bist, dass andere sich bei dir wohlfühlen.

Wenn Selbstliebe zu sehr in Richtung Selbstbefangenheit geht, wird Eitelkeit daraus. Aber Eitelkeit ist eigentlich eine Lachnummer. Denn sobald man sich für attraktiv, sexy und covertauglich hält, lehrt einen das Leben auf schmerzhafte Art, dass Schönheit im Auge des Betrachters liegt und das Äußere längst nicht so viel zählt wie das Innere.

Vor Kurzem lernte ich ein blindes Mädchen in Australien kennen. Wir hatten einen Spendenlauf organisiert, um bedürftigen Kindern medizinische Ausrüstung zur Verfügung zu stellen. Das Mädchen war etwa fünf Jahre alt. Nach der Veranstaltung brachte ihre Mutter sie zu mir und erklärte ihr, dass ich ohne Arme und Beine geboren worden war.

Blinde Menschen fragen mich manchmal, ob sie mich berühren dürfen, um zu „begreifen", wie es sich ohne Gliedmaßen lebt. Mir macht das nichts aus. Als das Mädchen fragte, ob sie einen „Blick" auf mich werfen dürfe, willigte ich gern ein. Ihre Mutter führte ihre Hand über meine Schultern und meinen kleinen Fuß. Ihre Reaktion war interessant. Schweigend tastete sie meine leeren Gelenkpfannen und das komische Füßchen ab. Dann fuhr sie mir mit der Hand übers Gesicht und schrie plötzlich auf.

Es war köstlich!

„Was? Mein hübsches Gesicht macht dir Angst?", fragte ich lachend.

„Nein, aber die ganzen Haare! Bist du ein Wolf?"

Offenbar hatte sie noch nie einen Bart gefühlt. Meine Stoppeln jagten ihr einen gehörigen Schrecken ein. Es sei traurig, dass ich so viele Haare auf dem Gesicht habe, sagte das Mädchen zu seiner Mutter. Es hatte eben seine eigene Vorstellung von Attraktivität – und Bartwuchs schien nicht dazuzugehören.

Mir machte das nichts aus. Ich war ihr vielmehr dankbar dafür, dass sie mir wieder ins Gedächtnis gerufen hatte: Schönheit liegt im Auge – oder in der Hand – des Betrachters.

Dein Leben ohne Limits

Liebe dich so, wie Gott dich liebt – von innen her. Lass diese Selbstannahme nach draußen dringen. Du wirst eine positive Ausstrahlung haben, die andere sofort bemerken!

9 Hoffnung auf das Unmögliche

Nachdem wir durch den Glauben von unserer Schuld freigesprochen sind, haben wir Frieden mit Gott durch unseren Herrn Jesus Christus. Wir können ihm vertrauen, er hat uns die Tür zu diesem neuen Leben geöffnet. Im Vertrauen haben wir dieses Geschenk angenommen. Und mehr noch: Wir werden einmal an Gottes Herrlichkeit teilhaben. Diese Hoffnung erfüllt uns mit Freude und Stolz. Doch nicht nur dafür sind wir dankbar. Wir danken Gott auch für die Leiden, die wir wegen unseres Glaubens auf uns nehmen müssen. Denn Leid macht geduldig, Geduld aber vertieft und festigt unseren Glauben, und das wiederum gibt uns Hoffnung. Und diese Hoffnung geht nicht ins Leere. Denn uns ist der Heilige Geist geschenkt, und durch ihn hat Gott unsere Herzen mit seiner Liebe erfüllt.

Römer 5,1-5

Die Welt war angesichts des Erdbebens 2010 in Haiti und der gewaltigen Zerstörung traurig und bestürzt. Bei aller Tragödie brachten die furchtbaren Umstände aber auch in vielen Menschen das Beste hervor. Zum Beispiel bei Überlebenden, die sich schlicht geweigert haben, die Hoffnung aufzugeben.

Maries Sohn Emmanuel lag unter den Trümmern eines Hauses. Man hatte ihn schon aufgegeben. Der einundzwanzigjährige Schneider war gemeinsam mit seiner Mutter in ihrer Wohnung gewesen, als die Erde zu beben begann. Die Mutter flüchtete ins Freie, aber von ihrem Sohn keine Spur. Das Gebäude war ein einziger Trümmerhaufen. Marie suchte in einem Notlager nach Emmanuel, konnte ihn aber unter den anderen Überlebenden nicht finden. Sie wartete dort in der Hoffnung, dass er irgendwann kommen würde.

Nach mehreren Tagen kämpfte sie sich durch die zerstörte Stadt zurück zu ihrem Haus, um nach ihrem Sohn zu suchen. Inzwischen waren schwere Maschinen im Einsatz, die es praktisch unmöglich machten, etwas zu hören. Trotzdem meinte Marie auf einmal, Emmanuels Stimme zu hören. Er rief nach ihr.

„In diesem Moment wusste ich einfach, dass wir ihn retten konnten", erzählte sie später einem Reporter.

Marie holte Leute herbei und erklärte ihnen, dass ihr Sohn unter den Trümmern gerufen habe. Aber niemand konnte ihr helfen. Erst als internationale Hilfe eintraf, fand sie unter den Rettungsmannschaften ein Team von erfahrenen Bergungshelfern. Sie überzeugte sie davon, dass ihr Sohn noch lebte. Mithilfe der Gerätschaften und ihrem Wissen bahnten sich die Helfer einen Weg durch Stahl, Beton und Trümmer genau dorthin, von wo Marie Emmanuels Stimme gehört hatte.

Unermüdlich kämpften sich die Arbeiter voran, bis sie auf einmal Emmanuels Hand freilegten. Er griff nach der Hand seiner Mutter. Vorsichtig machten sie weiter, bis auch seine Schulter frei war und das Loch groß genug, um ihn herauszuziehen. Emmanuel war zehn Tage verschüttet gewesen, völlig ausgetrocknet, staubig und sehr hungrig – aber er lebte.

Manchmal bleibt einem nichts als Hoffnung. Rings um Marie versank alles im Chaos, aber sie gab nicht auf. Wenn es dir so geht wie ihr: Halte durch. Glaube fest daran, dass Gott dich mit allem versorgen kann, was du brauchst! Ihre Überzeugung spornte Marie an. Ihr Handeln brachte sie nah genug an Emmanuels Stimme heran. Man kann ohne Übertreibung sagen, dass er sein Leben ihrer hartnäckigen Hoffnung verdankt, nicht wahr?

Dein Leben ohne Limits

Mag sein, dass dein Leben gerade überhaupt nicht rosig aussieht. Aber solange du hier auf Erden bist und immer weiter vorangehst, ist alles möglich. Halte an der Hoffnung fest.

10 Fenster mit Aussicht

Darum geben wir nicht auf. Wenn auch unsere körperlichen Kräfte aufgezehrt werden, wird doch das Leben, das Gott uns schenkt, von Tag zu Tag erneuert. Was wir jetzt leiden müssen, dauert nicht lange und ist leicht zu ertragen in Anbetracht der unendlichen, unvorstellbaren Herrlichkeit, die uns erwartet. Deshalb lassen wir uns von dem, was uns zurzeit so sichtbar bedrängt, nicht ablenken, sondern wir richten unseren Blick auf Gottes neue Welt, auch wenn sie noch unsichtbar ist. Denn das Sichtbare vergeht, doch das Unsichtbare bleibt ewig.

2. Korinther 4,16-18

Hoffnung macht alles möglich? Vielleicht bist du skeptisch. Oder es geht dir so dreckig, dass du unmöglich die Kraft findest, aus deiner Verzweiflung herauszukommen. Glaub mir, genauso ging es mir früher. Ich war felsenfest davon überzeugt, dass mein Leben wertlos sei und ich eine ständige Last für meine Familie und Freunde darstellte.

Meine Eltern waren auf ein Kind ohne Gliedmaßen überhaupt nicht vorbereitet und dementsprechend ernüchtert und verzweifelt. Wer könnte ihnen das verübeln? Alle Eltern träumen von der glorreichen Zukunft, die ihr Kind einmal haben wird. Meine Eltern konnten sich überhaupt keine Zukunft für mich vorstellen, und als ich älter wurde, ging es mir nicht anders.

Jeder von uns ist beim Träumen schon einmal unsanft auf den Boden der Tatsachen zurückgeholt worden. Jeder hat schon mitansehen müssen, wie seine Vision vor den Baum gefahren ist. Deine spezielle Situation hast natürlich nur du so erlebt. Aber verzweifelt zu sein, ist allzu menschlich. Ich bekomme oft E-Mails von Jugendlichen, die entweder missbraucht wurden oder wo der Mangel an liebevoller Zuwendung oder die Gleichgültigkeit die Familie schier zerreißt. Erwachsene schreiben mir, wie Drogen, Alkohol oder Pornografie ihr Leben zerstört haben. Manchmal habe ich das Gefühl, die Hälfte der Leute, mit denen ich Kontakt habe, leiden entweder an Krebs oder sonst einer lebensbedrohlichen Krankheit.

Wie behält man in solchen Lebenslagen die Hoffnung? Man muss auf Gott vertrauen, sich ermahnen, dass man nicht grundlos auf dieser Erde ist, und sich hinter seine Berufung klemmen. Welcher Herausforderung du auch immer gegenüberstehst: In dir schlummert die Kraft, sie zu überwinden. Nimm meine Eltern und ihre hoffnungslose Aussicht als Beispiel.

Martin Luther King jr. hat einmal gesagt: „Alles auf der Welt geschieht aus Hoffnung." Eins weiß ich sicher: Solange du atmest, darfst du hoffen. Du bist zwar ein Mensch und kannst nicht in die Zukunft schauen, aber du kannst sie dir ausmalen. Wie sich dein Leben letztlich entwickeln wird, weiß nur Gott. Deswegen hat er uns wohl Hoffnung geschenkt: als Fenster mit Aussicht.

Dein Leben ohne Limits

Vertrau auf ihn, hab immer ein bisschen Hoffnung im Herzen, und selbst wenn das Schlimmste eintritt, bereite dich auf das Beste vor. Weißt du, was er noch alles für dich in der Hinterhand hat?

II Die Möglichkeiten von morgen

*Der Dieb kommt, um zu stehlen, zu schlachten
und zu vernichten. Ich aber bringe Leben – und
dies im Überfluss.*

Johannes 10,10

Da ich ohne Arme und Beine geboren wurde, haben sie mir
auch nie wirklich gefehlt. Ich musste eben kreativ werden, um
meine Ziele zu erreichen. Eigentlich hatte ich eine glückliche
Kindheit: Ich fuhr Skateboard, ging angeln oder spielte Zimmer-
fußball mit meinen Geschwistern und Cousins und Cousinen.
Die ganze Aufmerksamkeit, die mein ungewöhnlicher Körper
mir einbrachte, machte mir die meiste Zeit nichts aus. Manchmal hatte es sogar sein Gutes. Im australischen Fernsehen und in
Zeitungen gab es Beiträge über mich, in denen mein Lebensmut
und meine Entschlossenheit gelobt wurden.

Ausgegrenzt und mit verletzenden Kommentaren konfrontiert wurde ich eigentlich erst in dem Alter, wo fast jeder einmal auf dem Sportplatz, in der Cafeteria oder im Schulbus
schikaniert wird. Mein selbstzerstörerisches Verlangen kam
auf, als ich das Vertrauen in mich verlor und nur noch darauf
schaute, was ich alles nicht konnte. Mir schwand die Hoffnung in die Zukunft, weil mein Horizont auf das begrenzt
war, was ich mit eigenen Augen sah. Ich war nicht mehr offen
für andere Möglichkeiten – oder sogar das Unmögliche.

Ich möchte kein Mitleid. Und auch nicht, dass jemand seine Probleme kleinredet, weil er sie mit meinen vergleicht. Jeder von uns hat Probleme und Sorgen. Vielleicht hilft dir der Vergleich mit mir im ersten Augenblick. Aber viel besser finde ich die Sichtweise, dass Gott größer ist als alle Probleme, die es gibt. Ich bin natürlich dankbar dafür, dass andere sich von mir inspirieren lassen und ihr Leben wieder anpacken, aber darum geht es mir nicht, jedenfalls nicht hauptsächlich.

Obwohl an mir ein paar kleine Bauteile fehlen, lebe ich eigentlich ein unverschämt gutes Leben. Meine jugendliche Selbstzufriedenheit kam erst ins Wanken, als ich anfing, mich schonungslos mit anderen in meinem Alter zu vergleichen. Anstatt stolz darauf zu sein, was ich konnte, beschäftigte ich mich nur noch damit, was sie mir voraushatten. Plötzlich sah ich mich nicht mehr als fähig, sondern als behindert. Anstatt von meiner Einzigartigkeit überzeugt zu sein, wollte ich nur noch so sein wie die anderen. Meine Sichtweise veränderte sich. Ich fühlte mich wertlos. Als Last. Was sollte die Zukunft schon bringen?

Negative Gedanken und Gefühle können einem jede Perspektive rauben. Wenn man es nicht schafft, sie abzustellen, erscheint einem die Selbstvernichtung irgendwann als einziger Ausweg.

Kurzzeitige Selbstmordgedanken oder der Wunsch, sich etwas anzutun, sind gar nicht so selten. Damit sie sich nicht festsetzen können, ist ein doppelter Perspektivenwechsel wichtig: Sieh nicht auf dich selbst, sondern auf die Menschen, die du liebst, und konzentriere dich nicht auf den Schmerz im Jetzt, sondern auf die Möglichkeiten von morgen.

Dein Leben ohne Limits

Wenn du dich mit selbstzerstörerischen Gedanken quälst, dann ist es höchste Zeit, deinen Glauben praktisch werden zu lassen – egal, ob du einfach daran glaubst, dass bessere Zeiten vor dir liegen oder dass du diese Krise mit lieben Menschen und deinem Schöpfer an der Seite durchstehen wirst.

12 Etwas Gutes

Herr, wie lange willst du noch untätig zusehen?
Wie gereizte Löwen gehen sie auf mich los! Rette
mich! Ich habe doch nur ein Leben! Dann will ich
dir in der Gemeinde danken, vor allem Volk will
ich dich loben.

Psalm 35,17+18

Erinnerst du dich an die Weltklassesurferin Bethany Hamilton? Sie verlor bei einem Haiangriff vor Hawaii als Dreizehnjährige ihren linken Arm. Auch vor der Attacke war sie unter Surfern schon bekannt. Aber nachdem sie überlebte und sich bald darauf so, als wäre nichts gewesen, wieder aufs Surfbrett stellte, wurde Bethany für ihren Mut und ihr unglaubliches Vertrauen in Gott weltberühmt. Heute reist sie wie ich um die Welt und erzählt ihre Mut machende Geschichte.

„Was ich den Leuten sagen will, ist, dass es einen Gott gibt, der uns lieb hat und der so wahnsinnig auf mich aufgepasst hat an jenem Tag. Ich sollte eigentlich gar nicht mehr leben. Bei dem Unfall verlor ich siebzig Prozent meines Bluts."

Mir war überhaupt nicht klar, wie haarscharf sie am Tod vorbeigeschrammt war. Sie erzählte mir, dass sie auf der fünfundvierzigminütigen Fahrt ins Krankenhaus gebetet und der Rettungssanitäter ihr zugeflüstert hatte: „Der da oben passt auf dich auf, keine Angst."

Aber es sah nicht gut aus. Als sie endlich im Krankenhaus angekommen waren und Bethany für die Notoperation vorbereitet wurde, kam heraus, dass alle Operationssäle belegt waren. Bethanys Zustand verschlechterte sich rapide. Damit ein Arzt Bethany operieren konnte, verzichtete ein Patient freiwillig auf seine Knieoperation. Es war Bethanys Vater!

Unglaublich, oder? Der Operateur war fertig präpariert und einsatzbereit, also mussten sie nur Vater gegen Tochter tauschen, und die Operation konnte beginnen. Das hat ihr das Leben gerettet.

Heute ist Bethany eine kerngesunde, sportliche junge Frau mit einer verblüffend positiven Lebenseinstellung. Sie stand schneller wieder auf dem Surfbrett, als alle Ärzte vermutet hätten. Nur drei Wochen nach dem Haiangriff stürzte sie sich wieder in die Brandung.

Sie sagt, der Verlust des Arms war ein Teil von Gottes Plan für ihr Leben. Anstatt in Selbstmitleid zu versinken, hat sie ihre neue Situation akzeptiert. Bei ihrem ersten Wettkampf in der Weltspitze der Frauen belegte sie den dritten Platz – mit nur einem Arm! Mittlerweile sieht sie sogar Gutes in ihrer körperlichen Einschränkung. Wenn sie in einem Wettkampf gut abschneidet, vermittelt sie ihren Zuschauern, dass man so vieles erreichen kann, wenn man nur will.

„Ich wollte schon immer etwas bewegen. Jetzt habe ich eine Geschichte zu erzählen", sagt Bethany. „Die Leute hören mir zu und schöpfen für ihr eigenes Leben Hoffnung. Manche erzählen mir, dass sie Gott gefunden haben oder wieder näher zu ihm gekommen sind. Andere haben wieder Mut gefasst. Dabei bin gar nicht ich es, die ihnen hilft – Er ist es. Es ist total cool, ein Teil von Gottes Team zu sein."

Dein Leben ohne Limits

Niemand hätte es Bethany verübelt, wenn sie ihr Surfbrett nach dem Unfall an den Nagel gehängt hätte. Sie musste wieder ganz von vorn lernen, wie man darauf das Gleichgewicht hält. Aber davon hat sie sich nicht entmutigen lassen. Sie hat einfach darauf vertraut, dass auch aus einem schlimmen Unfall noch etwas Gutes werden kann. Und das gilt genauso für dein Leben, egal, wie es derzeit aussieht.

13   Verlass dich auf Gott

Der Glaube ist der tragende Grund für das, was man hofft: Im Vertrauen zeigt sich jetzt schon, was man noch nicht sieht. Unsere Vorfahren lebten diesen Glauben. Deshalb hat Gott sie als Vorbilder für uns hingestellt. Durch unseren Glauben verstehen wir, dass die ganze Welt durch Gottes Wort geschaffen wurde; dass alles Sichtbare aus Unsichtbarem entstanden ist.

Hebräer 11,1-3

Wir wissen nicht, was Gott alles für uns geplant hat. Und deshalb solltest du nie davon ausgehen, dass sich deine schlimmsten Ängste bewahrheiten oder es nie wieder besser wird, wenn du ganz unten bist. Was du brauchst, ist Vertrauen, du musst an sein Ziel glauben und daran festhalten, dass Gott einen Plan für dein Leben hat. Dann kannst du deine Ängste überwinden und darauf vertrauen, dass du deinen Weg schon gehen wirst. Auch wenn du nicht weißt, was vor dir liegt: lieber Spieler auf dem Feld sein als nur Zuschauer am Rand!

Wenn du an etwas glaubst, brauchst du keine Beweise – du lebst es einfach. Du brauchst auch nicht alle Antworten zu kennen, dafür aber die richtigen Fragen. Die Zukunft kennt niemand von uns, und meistens übersteigt sie sowieso unsere Vorstellungskraft.

Als Zehnjähriger hätte ich mir doch nie träumen lassen, dass ich zehn Jahre später um die halbe Welt reisen und Millionen von Menschen Mut machen und sie von Gott begeistern würde. Und genauso hätte ich im Traum nicht daran geglaubt, dass die Liebe meiner Familie eines Tages noch übertroffen werden würde – von der Liebe einer intelligenten, gläubigen, mutigen und schönen Frau, die ich vor Kurzem heiraten durfte! Der kleine Junge, der beim Gedanken an die Zukunft verzweifelte, hat seinen Frieden als Mann gefunden.

Ich weiß, wer ich bin, und gehe Schritt für Schritt voran. Gott ist dabei immer an meiner Seite. Mein Leben fließt geradezu über von Erfüllung und Liebe. Habe ich deswegen keine Sorgen mehr? Herrscht bei mir immer eitel Sonnenschein? Nein. So funktioniert das Leben nicht. Aber ich bin für jeden Augenblick dankbar, in dem ich auf meinem Weg ein Stück vorankommen darf. Ich habe meine Bestimmung gefunden, und du solltest meine Geschichte als Ermutigung nehmen, dass auch du deinen Weg finden wirst.

Dein Leben ohne Limits

Wenn du dich auf Gott verlässt, wirst du wie ich erleben, dass seine Vision für dein Leben größer ist als alles, was du dir hast träumen lassen. Gott macht keine Fehler!

14   Auf das Positive besinnen

*Der Herr tötet und macht wieder lebendig. Er
schickt Menschen hinab ins Totenreich und ruft sie
wieder herauf. Manche macht er arm, andere dagegen reich. Er erniedrigt und erhöht Menschen,
wie er es für richtig hält. Dem Verachteten hilft er
aus seiner Not. Er zieht den Armen aus dem
Schmutz und stellt ihn dem Fürsten gleich, ja, er
gibt ihm einen Ehrenplatz.*

1. *Samuel 2,6-8*

Ich habe an vielen trostlosen Orten dieser Erde erlebt, dass
Menschen über ihren Problemen stehen können: in chinesischen Waisenhäusern, den Slums von Mumbai und Gefängnis-
sen in Rumänien. Einmal besuchte ich eine soziale Einrichtung
in Südkorea, wo zur Hälfte Behinderte und alleinerziehende
Mütter wohnten. Ihre optimistische Widerstandskraft hat mich
wirklich verblüfft. Dann wieder war ich in einem Gefängnis in
Südafrika mit Betonmauern und rostigen Stäben. Die schlimmsten Verbrecher durften zwar nicht an unserer Veranstaltung teil-
nehmen, aber ich hörte sie singen: Von überall her stimmten
Gefangene in unsere Gospelsongs ein. Sie waren vielleicht äußerlich gefangen, aber innerlich frei. Als ich hinterher durch das
Gefängnistor hinausrollte, kamen mir die Insassen freier vor als
so mancher Mensch außerhalb der Gefängnismauern.

Ich finde Traurigkeit an sich nicht verkehrt. Sie erfüllt eine wichtige Funktion. Aber man darf nicht zulassen, dass negative Gedanken einen Tag und Nacht fesseln. Du hast es in der Hand, dich auf Positives zu besinnen und aktiv zu werden.

Als gläubiger Mensch finde ich in schweren Zeiten bei Gott Halt. Aber meine Zahlenkenntnisse bieten überraschenderweise einen noch pragmatischeren Ansatz. Wer sagt, er habe keine Hoffnung, glaubt doch, dass die Verbesserungschancen gleich null sind.

Null? Ziemlich extrem, oder nicht? Ich halte den Glauben an bessere Zeiten für so unanfechtbar und effektiv, dass ich die Chancen ein großes Stück höher ansetze. Hoffnung ist einer der Grundpfeiler unseres Lebens, zusammen mit Glauben und Liebe. Egal, woran du glaubst – Hoffnung sollte immer mit von der Partie sein. Alles Gute im Leben beginnt mit Hoffnung: Wer würde eine Familie gründen ohne Hoffnung? Wer würde etwas Neues lernen ohne Hoffnung? Hoffnung ist das Sprungbrett für fast jeden unserer Schritte.

In Jesaja 40,31 steht: „Aber alle, die ihre Hoffnung auf den Herrn setzen, bekommen neue Kraft. Sie sind wie Adler, denen mächtige Schwingen wachsen. Sie gehen und werden nicht müde, sie laufen und sind nicht erschöpft." Das erste Mal, als ich diesen Vers hörte, begriff ich, dass ich keine Arme und Beine zum Leben brauche.

Vergiss nie: Gott gibt dich niemals auf.

Dein Leben ohne Limits

Auch du kannst Hoffnung tief in dein Herz einpflanzen. Jage mutig deinen Träumen nach, und zweifle nie an deiner Fähigkeit, mit Hindernissen fertigzuwerden – egal was kommt. Bleib in Bewegung, denn so entsteht eine Eigendynamik, bei der sich unerwartete Möglichkeiten auftun können.

15 Mach mal was Verrücktes

Die Wüste und das dürre Land sollen sich freuen,
und die Steppe soll frohlocken und wie ein Krokus-
feld erblühen. Dort werden Blumen im Überfluss
wachsen, und sie wird singen, jubeln und sich freu-
en!

Jesaja 35,1+2 (NL)

Hast du an der Gepäckausgabe am Flughafen auch schon mal mit dem Gedanken gespielt, auf das Förderband zu steigen, um herauszufinden, wie die Reise ins Kofferland wohl aussieht? Ich kann solchen verrückten Ideen nicht widerstehen. Also habe ich es getan.

Wir waren in Afrika auf Tour. Als wir wieder einmal am Flughafen standen und auf unser Gepäck warteten, wurde mir die Zeit zu lang. Also sagte ich zu Kyle, meinem Pfleger, dass ich Lust auf eine Karussellfahrt hätte.

Er glotzte mich an, als würde er sagen wollen: *Hast du einen an der Waffel?*

Aber dann war er doch dabei. Er hob mich hoch und setzte mich neben einen schönen Hartschalenkoffer. Los ging die Kofferfahrt! Ich fuhr auf dem Band durchs ganze Terminal, posierte mit Sonnenbrille wie eine Statue und erntete überall schockierte Blicke. Leute zeigten entgeistert auf mich. Andere Reisende lachten nervös, weil sie nicht wussten, ob ich a) ein echter Mensch oder b) der hübscheste Seesack aller Zeiten war.

Das Transportband brachte mich schließlich zu der kleinen Klappe, die in die Ladezone führt. Dort wurde der verrückte Australier von den afrikanischen Gepäcksortierern mit großem Hallo begrüßt.

„Gott mit dir!", riefen sie und feuerten mich an.

Die Flughafenarbeiter hatten verstanden, dass auch Erwachsene gern mal Karussell fahren. In jedem von uns steckt eben ein Kind. Genieß jede Minute davon! Behalte dir diese verspielte Freude. Wenn dein Leben bis ins letzte Detail durchgeplant ist, warte nicht bis zur Kurzschlussreaktion. Was hat dir damals Spaß gemacht? Hüpf auf einem Trampolin. Sattle ein Pony. Sei mal fünf Minuten Kind.

Es ist wichtig, ab und zu unverschämt viel Spaß zu haben. Genieß es, und erfreue dich an dem, was du hast. Gib dich nicht damit zufrieden, nur die Zeit „rumzukriegen". Mach das Beste aus deinem Leben!

Wenn ich einen Vortrag halte, stelle ich mich oft ganz nah an die vorderste Kante der Bühne und schwanke, als würde ich gleich vornüberfallen. Dazu sage ich dem Publikum, dass es gar nicht so schlecht ist, immer auf dem Sprung zu sein – man muss nur darauf vertrauen, dass man in Gottes Händen landet. Und das meine ich auch so. Ich versuche, sowohl bei der Arbeit als auch beim Vergnügen bis an die Grenzen zu gehen. Wobei das beste Gefühl aufkommt, wenn Arbeit und Vergnügen eins werden. Das solltest du einmal erleben!

Dein Leben ohne Limits

Lass dir keins von Gottes Wundern auf dieser Erde entgehen. Und vergiss nicht, ab und zu alle fünfe gerade sein zu lassen und etwas zu tun, nur weil es Spaß macht – ohne es vorher durchzuplanen.

16　Eine tolle Geschichte

Gott sagt: „Er liebt mich von ganzem Herzen, dar-
um will ich ihn retten. Ich werde ihn schützen, weil
er mich kennt und ehrt. Wenn er zu mir ruft, ant-
worte ich ihm. Wenn er keinen Ausweg mehr weiß,
bin ich bei ihm. Ich will ihn befreien und zu Ehren
bringen. Bei mir findet er die Hilfe, die er braucht;
ich gebe ihm ein erfülltes und langes Leben!"

Psalm 91,14-16

Was dabei herauskommt, wenn man an seine Bestimmung
glaubt, erlebte ich zum ersten Mal während einer Schulver-
sammlung. Damals hörte ich zum ersten Mal einen
Motivationsredner. Er war Amerikaner, hieß Reggie Dabbs
und hatte ein hartes Stück Arbeit vor sich. Eintausendvierhun-
dert Kinder musste er auf seine Seite bringen. Die Luft war
heiß und stickig. Unsere alte Tonanlage knisterte und knackte
und versagte manchmal ganz den Dienst.

Die Schüler waren zuerst unruhig, aber dann fesselte Reggie
uns mit seiner Geschichte. Er erzählte, dass seine Mutter eine
unverheiratete und minderjährige Prostituierte aus Louisiana
war. Sie hatte ihr „kleines Problem" eigentlich mit einer Ab-
treibung lösen wollen. Zum Glück für Reggie entschloss sie
sich dann doch, das Kind auszutragen. Weil sie weder Familie
noch Obdach hatte, zog sie in einen Hühnerstall.

Eines Abends saß sie dort verängstigt und allein, als ihr eine frühere Lehrerin einfiel. Sie war immer sehr fürsorglich gewesen und hatte ihr angeboten, sie solle sich melden, wenn sie je Hilfe brauchen sollte. Die Lehrerin hieß Mrs Dabbs. Mrs Dabbs kam sofort aus Tennessee mit dem Auto gefahren, sammelte das schwangere Mädchen ein und nahm es bei sich zu Hause auf, wo sie mit ihrem Mann und sechs erwachsenen Kindern lebte. Mrs Dabbs und ihr Mann adoptierten den kleinen Reggie und gaben ihm ihren Nachnamen.

Das Ehepaar, berichtete Reggie, gab ihm gute und starke Werte mit auf den Weg. Eine der wichtigsten Lektionen, die er lernte, war: Egal, wie die Situation oder die Umstände sind, du hast immer die Wahl: Du kannst positiv darauf reagieren oder negativ.

Reggie erklärte, dass er fast immer richtige Entscheidungen getroffen hatte, weil er an eine gute Zukunft voller Möglichkeiten glaubte. Es wartete so viel Gutes auf ihn, dass er überhaupt keine Lust verspürte, Dummheiten zu machen. Ein Satz von Reggie ging mir nicht mehr aus dem Kopf: „Die Vergangenheit kannst du nicht ändern. Die Zukunft schon!"

Alle Schüler waren berührt von seiner Geschichte. Reggie Dabbs war auch ein Grund dafür, dass in mir der zaghafte Wunsch Fuß fasste, auch Redner zu werden. Dass ein einzelner Mann innerhalb von Minuten eine große, zappelige Schülerschar so positiv beeindrucken konnte, faszinierte mich. Außerdem gefiel mir die Tatsache, dass er um den Erdball jettete, nur um zu Leuten zu sprechen. Der Mann weckte Hoffnung und wurde noch dafür bezahlt.

Auf dem Weg nach Hause dachte ich: Vielleicht habe ich auch eines Tages eine tolle Geschichte zu erzählen.

Dein Leben ohne Limits

Wenn du nicht weißt, wohin dein Weg dich führt, heißt das noch lange nicht, dass es keinen Weg gibt. Hab Geduld; deine Geschichte ist noch im Werden! Glaub mir, sie wird einzigartig.

17 Auf der Welle reiten

Erkennt, dass der Herr unser Gott ist! Er hat uns zu seinem Volk gemacht, ihm gehören wir! Er sorgt für uns wie ein Hirte für seine Herde. Geht durch die Tempeltore ein mit Dank, betretet den festlichen Vorhof mit lautem Lob! Preist ihn! Rühmt ihn! Denn der Herr ist gut zu uns, seine Gnade hört niemals auf, für alle Zeiten hält er uns die Treue.

Psalm 100,3-5

Nachdem ich versuchte, meine körperliche Behinderung nicht mehr als Last, sondern als Segen zu begreifen, änderte sich mein Leben dramatisch zum Positiven. Ich sehe meinen Körper inzwischen als Gottesgeschenk.

Könnten deine Schwierigkeiten sich letztlich nicht auch als Segen erweisen, selbst wenn du sie derzeit als deine größte Schwäche siehst?

Es ist alles eine Frage der Perspektive. Keiner von uns kann sich vor dem Leben verstecken. Jeder von uns steckt ein paar Treffer ein. Und wenn man davon nicht gerade ins Koma befördert wird, wird man deprimiert, wütend oder traurig. Das habe ich alles durch, glaub mir.

Und trotzdem will ich dir Mut machen, dich nicht der Verzweiflung und Verbitterung hinzugeben. Willst du von der riesigen Welle begraben werden – oder auf ihr zum Strand reiten? Schicksalsschläge können dich entweder nach unten drücken oder nach oben spülen. Wenn du noch atmen kannst, sei dankbar dafür. Nutze die Dankbarkeit als eine Art Boje, die dich davon abhält, in Depression und Verbitterung zu versinken. Tu einen Schritt nach dem anderen. Versuche eine Eigendynamik zu kreieren, die dir hilft, ein Leben aufzubauen, das dir gefällt.

Meine körperliche Behinderung zwang mich dazu, mutig zu sein, auf andere zuzugehen und den ersten „Schritt" zu machen. Vielleicht baute ich deswegen mein Zahlentalent aus, damit ich einen Plan B hatte, falls meine Karriere als Redner nicht funktionieren sollte.

Auf jeden Fall habe ich schon oft den Gedanken gehabt, dass sogar die Verzweiflung wegen meiner Behinderung, die ich durchgemacht habe, ihr Gutes gehabt hat. Ich kann heute viel besser mit anderen mitfühlen. Und genauso schätze ich wegen meiner Rückschläge meine Erfolge viel mehr und habe großes Verständnis für andere, die an irgendetwas scheitern.

Dein Leben ohne Limits

Ich weiß wirklich, wie schwer es ist, seine Probleme hinter sich zu lassen und sich an die Verwirklichung seiner Träume zu machen. Das kostet nicht nur ordentlich Kraft und Entschlossenheit, sondern man braucht auch ein Ziel, Hoffnung, Gottvertrauen und die Überzeugung, dass man mit Talenten und Fähigkeiten gesegnet ist. Aber mit der richtigen Einstellung und einer passenden Perspektive gibt es kein unüberwindbares Hindernis!

18 Raus aus der Schublade

*Darum sollen auch alle, die dich lieben, Herr, zu
dir beten. Wer dich zur rechten Zeit anruft, der
bleibt verschont von den Wogen des Unheils. Bei
dir bin ich in Sicherheit; du lässt nicht zu, dass ich
vor Angst und Not umkomme. Ich singe und juble:
„Du hast mich befreit!"*

Psalm 32,6+7

Trotz einer scheinbar untragbaren Last positiv und motiviert zu
bleiben, ist eine echte Kunst. Jeder möchte irgendwie dazugehören, aber manchmal fühlt man sich wie der ewige Außenseiter.

Meine Unsicherheit und Ängste rührten natürlich hauptsächlich daher, dass ich keine Arme und Beine hatte. Im Nach-
hinein kann ich sagen, dass es mir geholfen hat, wenigstens die
Hoffnung nicht aufzugeben. Hier ist ein Beispiel dafür aus
meiner Kindheit:

Ich war noch ein Kleinkind, als die Ärzte meinen Eltern emp-
fahlen, mich in eine spezielle Behindertenspielgruppe zu geben.
Meine Eltern fühlten sich ohnehin mit anderen Familien verbunden, die Kinder mit besonderen Bedürfnissen hatten. Aber
sie hielten es für falsch, dass ein Kind nur eine bestimmte Sorte
von Spielkameraden haben sollte. Sie waren davon überzeugt,
dass ich ein möglichst normales Leben führen sollte und auch
führen würde. Und sie kämpften für ihren Traum.

Meine Mom traf deswegen eine wichtige Entscheidung. „Nicholas, du sollst mit normalen Kindern spielen, weil du normal bist. An dir fehlen nur ein paar kleine Bauteile, das ist alles", sagte sie und legte damit die Marschrichtung für die nächsten Jahre fest. Sie wollte nicht, dass ich mich minderwertig oder eingeschränkt fühlte. Ich sollte wegen meiner körperlichen Beeinträchtigung nicht introvertiert, scheu oder unsicher werden.

Das waren alles wichtige Schritte, um mir zu zeigen, dass ich ein Recht auf ein freies Leben ohne Schubladendenken hatte. Auch wenn mir das damals natürlich nicht bewusst war. Übrigens: Jeder hat dieses Recht. Lass dich von niemandem in eine Schublade stecken oder gar von vornherein von irgendetwas ausschließen. Ich weiß, wie das ist, wenn man sich zu Herzen nimmt, was andere sagen und sich unbewusst damit selbst hemmt. Ist man einmal abgestempelt, kann es sehr reizvoll sein, sich dahinter zu verstecken und immer einen guten Vorwand zu haben.

Mutige Leute wachsen darüber hinaus. Viele, die man vorschnell als „behindert" oder „zurückgeblieben" einsortiert hat, haben sich davon nicht beirren lassen, erfreuen sich an einem dynamischen Leben und tun großartige Dinge. Lass dich von nichts und niemandem davon abhalten, dich immer weiterzuentwickeln und dein Potenzial auszuschöpfen!

Dein Leben ohne Limits

Als Kind Gottes weiß ich ihn immer an meiner Seite. Es beruhigt mich, dass er genau weiß, wie viel jeder von uns tragen kann. Denk immer daran: Gottes Arm ist nie zu kurz. Er kann jeden erreichen. Schöpfe Kraft aus dieser Gewissheit. Trau dich, lass deiner Fantasie freien Lauf, und pack es an. Mach dich auf einige Hürden gefasst, aber sieh sie als Gelegenheiten, daran zu wachsen. Lerne aus ihnen, und lass dich davon nicht von deinem Ziel abbringen.

19 Lach mal über dich selbst

*Herr, wende dich uns wieder zu! Wie lange soll
dein Zorn noch dauern? Hab Erbarmen mit uns,
wir gehören doch zu dir! Herr, schenke uns deine
Liebe jeden Morgen neu! Dann können wir singen
und uns freuen, solange wir leben! So viele Jahre
litten wir unter Not und Bedrückung; lass uns nun
ebenso viele Jahre Freude erleben! Zeige uns, wie
machtvoll du eingreifst; auch unsere Kinder sollen
deine mächtigen Taten sehen! Herr, unser Gott!
Zeige uns deine Güte! Lass unsere Mühe nicht vergeblich sein! Ja, lass unsere Arbeit Früchte tragen!*

Psalm 90,13-17

Eines Morgens, ich war gerade dreizehn, entdeckte ich einen
Pickel auf meiner Nase. Er war groß und reif wie eine rote
Tomate.

„Mom, guck mal! Das sieht schrecklich aus", rief ich meine
Mutter um Hilfe.

„Nicht kratzen", sagte sie.

Womit auch?, dachte ich.

Also ging ich zur Schule und fühlte mich wie der hässlichste
Junge auf Erden. Jedes Mal, wenn ich in einem Fenster oder
einer Türscheibe mein Spiegelbild sah, wollte ich mich am
liebsten verstecken. Die anderen Kinder starrten mich an. Ich

hoffte inständig, dass der Pickel schnell weggehen würde, aber zwei Tage später war er noch größer. Der fetteste und röteste Pickel des Universums.

Das grässliche Ungeheuer wollte einfach nicht verschwinden! Acht Monate später war der gigantische Pickel immer noch da. Ich fühlte mich wie die australische Ausgabe von Rudolph dem Rentier. Schließlich ging meine Mutter mit mir zum Hautarzt. Ich sagte ihm, dass ich dieses Ding weghaben wollte, und sei es durch eine OP. Er brachte eine riesige Lupe in Stellung und sah sich das Monstrum an – als ob er es sonst nicht gefunden hätte!

Dann sagte er: „Hmm. Das ist kein Pickel. Es ist eine angeschwollene Talgdrüse. Ich kann sie herausschneiden oder wegbrennen", fügte er hinzu, „aber dann bleibt auf jeden Fall eine Narbe, die noch größer ist als dieser kleine rote Punkt."

Kleiner roter Punkt?

„Das Ding ist so groß, dass ich gar nichts mehr sehen kann", protestierte ich.

„Möchtest du lieber dein Leben lang eine Narbe haben?", erwiderte der Arzt.

Der überdimensionale Nicht-Pickel blieb also auf meiner Nase. Ich betete und quälte mich eine Weile damit, aber dann sagte ich mir, dass die große rote Knolle auch nicht schlimmer war als meine fehlenden Gliedmaßen. *Wer sich nicht mit mir abgeben will, ist selbst schuld,* entschied ich. Wenn ich merkte, dass jemand daraufstarrte, machte ich einen witzigen Kommentar dazu. Als die Leute merkten, dass ich über mich selbst lachen konnte, lachten sie mit mir und zeigten Verständnis. Ich meine, wer hat keine Pickel? Sogar Brad Pitt hatte welche.

Manchmal machen wir aus einer Mücke einen Elefanten,

weil wir unser kleines Problem viel zu ernst nehmen. Einen Pickel zu haben ist etwas ganz Normales. Wir sind alle vollkommen unvollkommen! Manche vielleicht mehr als andere, aber jeder hat seine Macken und Fehler. Man darf nicht jede kleine Warze und jede Falte zur Staatskrise aufbauschen. Irgendwann wird man mit einem echten Problem konfrontiert, und was dann?

Dein Leben ohne Limits

Lache über die kleinen Beulen und Schrammen, die dir das Leben verpasst. Lachen schüttet im Körper Endorphine aus und ist das körpereigene Entspannungsmittel. Das Immunsystem wird gestärkt, das Blut fließt besser, und das Gehirn bekommt mehr Sauerstoff. Nicht übel, oder? Studien haben auch gezeigt, dass Lachen attraktiver macht. Ein Plus obendrein!

20 Durchhalten

Seid mutig und stark! Habt keine Angst, und lasst euch nicht von ihnen einschüchtern! Der Herr, euer Gott, geht mit euch. Er hält immer zu euch und lässt euch nicht im Stich!

5. Mose 31,6

Wenn ich die Leute ermutige, nicht aufzugeben und durchzuhalten, bis bessere Zeiten kommen, spreche ich aus Erfahrung. Eines Tages hatte auch ich alle Hoffnung aufgegeben und befand mich in einer echten Sackgasse. Der Tiefpunkt in meiner sonst recht glücklichen Kindheit kam, als ich zehn war. Ich wurde damals von negativen Gedanken vollkommen überwältigt. Egal, wie optimistisch, entschlossen und findig ich auch war, es gab einfach Dinge, die ich nicht konnte. Dazu gehörten die allereinfachsten, alltäglichen Sachen: Ich konnte nicht zum Kühlschrank gehen und mir was zu trinken holen wie jedes andere Kind. So etwas machte mich wütend. Ich konnte nicht mal selbst essen. Wie ich es hasste, andere um Unterstützung zu bitten! Sie mussten ihr eigenes Essen unterbrechen, um mir zu helfen.

Aber es quälten mich noch größere Fragen. Wie sollte ich je eine Frau finden, die mich liebt? Wie sollte ich meine Familie ernähren? Und wenn sie je bedroht würden, wie sollte ich sie beschützen?

Ich dachte, ich wüsste, warum Gott mich so geschaffen hatte: An mir wollte er der Menschheit ein großes Wunder zeigen! Ich sollte der lebende Beweis für seine Existenz werden. Ich betete um Arme und Beine und nahm mir vor, meine Wundergeschichte im Fernsehen zu erzählen, damit die ganze Welt sehen konnte, wie mächtig Gott ist.

Aber irgendwann fragte ich Gott entmutigt, warum er mir nicht helfen wollte. *Habe ich was falsch gemacht? Gibst du mir deshalb keine Arme und Beine? Warum tust du nichts? Warum muss ich mich hier so quälen?*

Ich gab mich meinen Ängsten und Sorgen restlos hin. Das Negative überschattete alles. Ich verlor die Hoffnung. Glaub mir, ohne Arme und Beine ist nicht halb so schlimm wie ohne Hoffnung! Wer schon durch Trauer oder Depressionen gegangen ist, weiß, wie grauenvoll Verzweiflung sein kann. Mehr denn je zerfraß mich die Wut. Ich war verletzt und taumelte nur noch vor mich hin.

Die meisten Leute kämpfen hin und wieder mit den großen Fragen des Lebens. Wird die Beziehung halten? Ist mein Job sicher? Kann ich hier wohnen bleiben? Es ist ja nicht verkehrt, zu planen und nach vorn zu schauen. Man braucht Visionen für die Zukunft. Problematisch wird es nur, wenn man von Zukunftsängsten blockiert wird und der Horizont voller dunkler Wolken hängt. Ich halte mich an Gott und seinem Wort fest. Die biblischen Verheißungen geben mir die Gewissheit, dass er bei mir ist. Er verlässt mich nicht. Und er vergisst mich nicht.

Dein Leben ohne Limits

Gott kann auf krummen Zeilen gerade schreiben. Am Ende kann bei ihm aus allem etwas Gutes werden. Halte dich an seine Verheißungen, egal, wie es um dich herum aussieht. Gott ist gut. Wenn er etwas Schlimmes zulässt, verstehen wir es oft nicht. Aber wir können uns daran festhalten, dass er es gut mit uns meint.

21   Offene Augen

Unterwegs sah Jesus einen Mann, der von Geburt an blind war. „Meister", fragten die Jünger, „wer ist schuld daran, dass dieser Mann blind ist? Hat er selbst Schuld auf sich geladen oder seine Eltern?"

„Weder noch", antwortete Jesus. „Vielmehr soll an ihm die Macht Gottes sichtbar werden."

Johannes 9,1-3

Als Kind konnte ich mir nicht vorstellen, dass es jemanden gab, dem es noch schlechter ging als mir. Mit dreizehn las ich dann in der Zeitung von einem Mann, der einen schrecklichen Unfall gehabt hatte. Er war gelähmt, konnte sich nicht mehr bewegen und noch nicht mal mehr reden. Bis ans Ende seines Lebens war er ans Bett gefesselt. Wie schrecklich dieses Schicksal sein musste, konnte ich mir kaum vorstellen.

Seine Geschichte öffnete mir die Augen. Selbst wenn ohne Gliedmaßen so manches eine Hürde für mich war, hatte ich trotzdem Grund, dankbar zu sein. Mir standen viele Türen im Leben offen.

Natürlich hat es seine Zeit gedauert, bis ich so denken konnte. Mit fünfzehn hörte ich die Geschichte vom blinden Mann aus dem Johannesevangelium. Er war von Geburt an ohne Augenlicht. Als die Jünger von Jesus ihn sahen, fragten sie: „Wer ist schuld an der Blindheit? Der Mann oder seine Eltern?"

Genau so eine Frage hatte ich mir auch gestellt. *Haben meine Eltern was falsch gemacht? Oder ich? Warum sonst sollte ich ohne Arme und Beine geboren worden sein?*

Jesus antwortete seinen Schülern: „Keiner hat Schuld. Weder der Mann noch seine Eltern. Er ist blind, weil an ihm die Macht Gottes sichtbar werden soll."

Als der Blinde diese Erklärung hörte, veränderte sich die Sicht auf sein Leben dramatisch. Du kannst dir sicher vorstellen, wie mich die Geschichte als Jugendlicher gepackt hat. Ich wusste genau, wie es ist, anders zu sein. Behindert. Abhängig. Plötzlich ging auch mir ein Licht auf: Ich war keine Bürde. Ich war nicht fehlerhaft. Es war keine Strafe. Ich bin, so wie ich bin, damit Gottes Kraft an mir sichtbar wird, auch ohne Wunderheilung!

Als ich damals diese Bibelstelle las, überrollte mich eine innere Welle des Friedens. Ewig hatte ich mit der Frage gekämpft, warum ich ohne Gliedmaßen geboren werden musste. Aber jetzt wurde mir klar, dass die Antwort niemand anderes wusste als Gott. Er wusste auch als Einziger, warum der Blinde blind geboren worden war.

Meine neue Erkenntnis gab mir Lebensfreude und das Gefühl von Kraft. Zum ersten Mal war mir klar geworden, dass ich nicht Gottes vergessenes Kind war. Der Blinde wurde übrigens geheilt, um seiner neuen Bestimmung zu folgen. Bei mir blieb die Heilung zwar aus, aber ich schöpfte neuen Mut. Irgendwann würde sich meine Aufgabe schon auftun. Als Kind hätte ich mir nie vorstellen können, dass meine fehlenden Gliedmaßen mir einmal helfen würden. Aber dank ihnen kann ich in vielen Ländern der Erde meine Geschichte erzählen und den Menschen Mut machen.

Manchmal dauert es, bis man die Antwort auf seine Fragen bekommt. Und so lange muss man geduldig und im Vertrauen auf Gott weitermachen. Und wenn ich das konnte, schaffst du das auch.

Dein Leben ohne Limits

Schwere Zeiten durchzumachen ist kein Zuckerschlecken. Man muss auch nicht so tun, als wäre es ein Spaziergang. Aber behalte dir deinen Glauben an eine bessere Zukunft und ein erfülltes Leben!

22 Negative Gedanken vertreiben

*Greift zu den Waffen Gottes, damit ihr alle heim-
tückischen Anschläge des Teufels abwehren könnt!
Denn wir kämpfen nicht gegen Menschen, sondern
gegen Mächte und Gewalten des Bösen, die über
diese gottlose Welt herrschen und im Unsichtbaren
ihr unheilvolles Wesen treiben.*

Epheser 6,11+12

Mit ungefähr elf Jahren begann bei mir die Pubertät – die
Phase im Leben, wo das Gehirn neu verkabelt wird und die
verrücktesten Chemikalien durch die Adern fließen. Die anderen Jungen und Mädchen in meinem Alter machten erste An-
näherungsversuche und verstärkten meine Außenseiterrolle
dadurch noch mehr. Welches Mädchen will schon einen
Freund haben, mit dem es nicht Händchen halten kann? Oder
auch mal tanzen? Ohne dass es mir so recht bewusst war, ließ
ich immer häufiger zu, dass die negativen Gedanken und Gefühle mich belasteten. Oft begannen sie in meinem Kopf zu
rotieren, wenn ich nachts nicht schlafen konnte oder erschöpft
von der Schule heimkam. Du weißt bestimmt, wie sich das
anfühlt: abgekämpft, niedergeschlagen, und die ganze Welt
lastet auf dir. Solche Phasen macht jeder durch, vor allem

wenn man durch Schlafmangel, Stress oder Krankheit angeschlagen ist.

Niemand kann immer gut gelaunt und putzmunter sein. Es ist ganz normal, auch melancholische Zeiten zu erleben. Sie erfüllen eine wichtige Funktion. Aktuelle psychologische Studien haben gezeigt, dass man in ernsteren Stimmungen kritischer und analytischer an seine Arbeit herangeht. Dieser Ansatz kann sehr nützlich sein, wenn man seinen Haushaltsplan überarbeitet, die Steuererklärung macht oder wissenschaftlich arbeitet. Solange man seine Emotionen unter Kontrolle hat, können negative Gedanken also positive Konsequenzen haben. Wenn die Gefühle aber das Handeln bestimmen, läuft man Gefahr, in eine Abwärtsspirale zu gelangen, die in einer Depression und selbstzerstörerischem Verhalten endet.

Die Lösung ist, sich einfach zu weigern, von negativen Emotionen oder depressiven Stimmungen übermannt zu werden. Interessanterweise liegt diese Macht tatsächlich in unserer Hand. Wann immer du merkst, dass sich schlechte Gedanken einnisten wollen, kannst du den Aus-Schalter betätigen. Erkenne diese Gedanken an, und mach dir ihre Ursache bewusst. Aber konzentriere dich auf die Lösung, nicht das Problem.

Ich erinnere mich an ein Bild in der Sonntagsschule, auf dem die Waffenrüstung Gottes zu sehen war. Da gab es den Brustpanzer der Gerechtigkeit, den Gürtel der Wahrheit, den Schild des Glaubens, das Schwert des Geistes und den Helm des Heils. Uns wurde beigebracht, dass das alle Waffen seien, die man als Christ braucht. Ich sehe das Wort Gottes als ein Schwert, um negative Gedanken zu vertreiben. Und auch mit dem Schild des Glaubens kann man sich vor ihnen schützen.

Dein Leben ohne Limits

Wenn du merkst, dass du in einer düsteren Stimmung gefangen bist, denk dran: Du musst nicht allein damit fertigwerden. Deine Freunde und Familie fühlen sich nicht belästigt. Sie wollen dir helfen! Und wenn du dich ihnen nicht anvertrauen willst, gibt es professionelle Hilfe und Ansprechpartner in der Schule, am Arbeitsplatz oder in deiner Nachbarschaft. Du bist nicht allein!

23 Du bist wertvoll und wunderschön

*Was ich euch im Dunkeln sage, das gebt am hell-
lichten Tag weiter! Was ich euch ins Ohr flüstere,
das ruft vor aller Welt laut hinaus! Habt keine
Angst vor den Menschen, die zwar den Körper,
aber nicht die Seele töten können! Fürchtet vielmehr Gott, der Leib und Seele in der Hölle vernichten kann. Welchen Wert hat schon ein Spatz
auf dem Dach? Man kann zwei von ihnen für einen Spottpreis kaufen! Trotzdem fällt keiner tot zur
Erde, wenn es euer Vater nicht will. Bei euch sind
sogar die Haare auf dem Kopf alle gezählt. Darum
habt keine Angst! Ihr seid Gott mehr wert als ein
ganzer Spatzenschwarm.*

Matthäus 10,27-31

Nach einem besonders ätzenden Schultag starrte ich stundenlang in den Spiegel. *Ich sehe einfach bescheuert aus,* dachte ich.
Mindestens fünf Minuten lang badete ich so richtig in Selbstmitleid. Aber dann sagte eine Stimme in mir: *Okay. Deine
Mom hat gesagt, an dir fehlen ein paar kleine Bauteile, aber du
hast auch gute Eigenschaften.*

Dann nenn mir doch eine, dachte ich. *Nur eine einzige!*

73

Wieder schaute ich in den Spiegel, bis mir etwas Gutes einfiel.

Ich habe schöne Augen. Das haben mir die Mädchen schon ein paarmal gesagt. Wenigstens etwas! Das kann mir keiner wegnehmen. Meine Augen werden immer so bleiben. Ich werde immer schöne Augen haben.

Wenn es dir einmal schlecht geht, weil dich jemand verletzt, gemobbt oder geärgert hat, stell dich vor den Spiegel und finde etwas, das du an dir magst. Es muss nichts Äußerliches sein. Es kann genauso gut ein Talent, ein Wesenszug oder sonst irgendetwas sein, was dir gefällt. Nimm dir ein bisschen Zeit und denke über diese eine Sache nach. Du kannst dankbar dafür sein! Du bist einzigartig und schon deswegen wertvoll und schön.

Mach bitte keinen Rückzieher und sage: „An mir gibt es nichts Besonderes." Mit sich selbst ist man immer am strengsten, vor allem, wenn man im Vergleich mit anderen schlechter abschneidet. Gerade bei Jugendlichen sehe ich das häufig. Deswegen sage ich ihnen immer: „Ich mag euch. So wie ihr seid. In meinen Augen seid ihr alle wunderschön."

Meistens beginnt dann irgendwo jemand leise zu schluchzen oder zu schniefen. Irgendwo entdecke ich einen Jungen oder ein Mädchen, das das Gesicht in den Händen vergräbt. Und dann wird einer nach dem anderen von den Emotionen angesteckt. Tränen fließen. Unterdrücktes Schluchzen lässt Schultern zucken. Mädchen drängen sich zusammen. Jungs verbergen ihr Gesicht und verlassen den Raum.

Nach dem Vortrag stellen sie sich in einer langen Schlange an, um mich zu umarmen und mir von sich zu erzählen. Manchmal dauert es Stunden.

Ich weiß, dass ich ganz passabel aussehe, aber deswegen stellt sich niemand stundenlang bei mir an. Der wahre Grund ist wohl, dass ich starke Kräfte freisetze, die so vielen Menschen in ihrem Leben fehlen: *bedingungslose Liebe* und *Selbstannahme.*

Dein Leben ohne Limits

Wenn man verletzt wird, errichtet man um sich herum eine Mauer, um nicht noch einmal verletzt zu werden. Aber um sein Herz kann man keine Mauer bauen. Liebe dich selbst, wie du bist! Entdecke deine Schönheit von innen und außen. Dann werden andere von dir angezogen und sehen, wie einzigartig du bist.

24 Was anderen guttut

Wie man Eisen durch Eisen schleift, so schleift ein
Mensch den Charakter eines anderen.

Sprüche 27,17

Eine Zeit lang – ich war ungefähr sechzehn – musste ich nach
der Schule eine Stunde auf den Fahrdienst warten. Die Zeit
verbrachte ich mit anderen Kids, oft aber auch mit Mr Arnold.
Mr Arnold war der Hausmeister. Er war ein besonderer
Mensch, denn er leuchtete von innen heraus. Er war so mit
sich selbst zufrieden und fühlte sich im Blaumann so wohl,
dass alle ihn mochten und gern in seiner Nähe waren.

Mr Arnold war ein weiser Mann. Manchmal leitete er eine
kleine christliche Gesprächsrunde in der Mittagspause. Er lud
mich immer wieder ein, obwohl ich ihm gesagt hatte, dass ich
nicht so viel für Religion übrig hätte. Aber weil ich ihn mochte, ging ich irgendwann trotzdem hin.

Bei den Treffen ermutigte Mr Arnold die Schüler, von sich
selbst zu erzählen. Ich blockte jedes Mal ab, drei Monate lang.
„Ich habe nichts zu erzählen", sagte ich beharrlich.

Aber schließlich wurde ich weich und erklärte mich einver-
standen, beim nächsten Mal aus meinem Leben zu berichten.
Ich war so nervös, dass ich mir Karteikarten mit Stichpunkten
vorbereitete. (Streber, ich weiß.)

Ich hatte nicht vor, jemanden zu beeindrucken. Mein Motto

war eher: Augen zu und durch. Und ein bisschen wollte ich auch den anderen zeigen, dass ich die gleichen Gefühle und Ängste hatte wie sie.

Knapp zehn Minuten erzählte ich davon, wie es ist, ohne Arme und Beine aufzuwachsen. Ich flocht traurige und lustige Begebenheiten in meinen Bericht ein. Weil ich nicht wie ein Opfer aussehen wollte, betonte ich meine Siege. Aber ich sagte auch, dass ich manchmal das Gefühl hatte, Gott hätte mich vergessen. Oder ich wäre einer seiner wenigen Fehler. Und dann ergänzte ich, dass ich langsam eine Ahnung bekäme, mein Leben sei doch nicht so sinnlos. Ich wisse nur noch nicht genau, wohin es gehe.

Als ich meinen Vortrag geschafft hatte, war ich so froh, dass ich vor Erleichterung beinahe geheult hätte. Zu meinem großen Erstaunen heulten stattdessen die meisten anderen Teilnehmer.

„War ich *so* schlecht?", fragte ich Mr Arnold.

„Nein, Nick. Du warst *so* gut", antwortete er.

Anfangs dachte ich, er wollte nur nett sein und die anderen taten so, als hätte sie meine Geschichte berührt. Schließlich waren es Christen. Die müssen ja nett sein. Aber dann bat mich ein Junge, meine Geschichte noch einmal vor seiner Jugendgruppe zu erzählen. Ein anderer lud mich zum Kindergottesdienst ein. In den nächsten zwei Jahren erhielt ich Dutzende Einladungen von Kirchengruppen, Jugendorganisationen und Wohltätigkeitsvereinen.

Eigentlich war ich christlichen Gruppen an der Highschool aus dem Weg gegangen, weil ich nicht als Pastorensohn und Weltverbesserer abgestempelt werden wollte. Ich tat bewusst cool und fluchte ab und zu, damit ich als normaler Jugendlicher angenommen wurde. In Wahrheit hatte ich mich aber noch nicht einmal selbst akzeptiert.

Gott scheint Sinn für Humor zu haben: Er schleuste mich genau zu den Leuten, denen ich aus dem Weg ging. Bei ihnen durfte ich meine erste Rede halten, und hier entdeckte ich meine Bestimmung. Ich war alles andere als perfekt, und doch konnte ich positive Impulse geben und anderen helfen, ihr Päckchen zu tragen.

Dasselbe gilt auch für dich. Wir haben alle unsere Fehler. Aber wir haben auch alle Fähigkeiten und Talente, die anderen zugutekommen sollten. Horch in dich hinein. In dir warten Schätze darauf, freigelegt zu werden.

Dein Leben ohne Limits

Wenn du mich fragst: Der beste Weg, um innere Zufriedenheit zu erlangen, ist, anderen das Leben leichter zu machen. Nutze deine Talente, dein Köpfchen und deine Persönlichkeit dazu! Ich habe selbst schon von so vielen anderen profitiert, dass ich mit Fug und Recht sagen kann: Ohne sie wäre mein Leben ganz anders verlaufen.

25 Nicht wie jeder andere

Du hast mich geschaffen – meinen Körper und meine Seele, im Leib meiner Mutter hast du mich gebildet. Herr, ich danke dir dafür, dass du mich so wunderbar und einzigartig gemacht hast! Großartig ist alles, was du geschaffen hast – das erkenne ich! Schon als ich im Verborgenen Gestalt annahm, unsichtbar noch, kunstvoll gebildet im Leib meiner Mutter, da war ich dir dennoch nicht verborgen.

Psalm 139,13-15

Wir Menschen sind schon ein komischer Haufen. Auf der einen Seite versuchen wir, ganz normal zu sein und in der Masse unterzutauchen, und dann wollen wir wieder möglichst aus ihr herausstechen. Warum ist das so? Dieses Verhalten scheint weit verbreitet zu sein und ist Teil unserer menschlichen Natur. Warum können wir nicht einfach zufrieden mit uns sein? Wir sind Gottes Geschöpfe und spiegeln seine Kreativität und Herrlichkeit wider.

In der Schule wollte ich nichts lieber, als dazuzugehören. Wie die meisten anderen auch. Was ich dabei verblüffend finde: Kids, die unbedingt „anders" sein wollen, hängen mit Jungs und Mädels herum, die sich genauso anziehen, genauso reden und sich ganz genauso verhalten wie sie. Wer soll das verstehen? Wie kann man bewusst *Außenseiter* sein, wenn alle

Freunde dieselben schwarzen Klamotten, denselben schwarzen Nagellack, Lippenstift und Eyeliner tragen? Ist man dann nicht vielmehr ein *Insider*?

Tattoos und Piercings waren einmal ein Ausdruck von Rebellion und ein Zeichen für ein wildes Leben. Heute haben Mütter Tattoos und Piercings. Es muss doch einen besseren Weg geben, seine Einzigartigkeit zu betonen, als denselben Trends zu folgen, denen man alle naselang im Einkaufszentrum begegnet.

Ich habe mir eine Einstellung zugelegt, die dir vielleicht auch hilft. Ich habe beschlossen, dass meine Schönheit gerade in den Unterschieden liegt. Ich bin eben nicht wie jeder andere! Ich bin ich – und zwar einzigartig. Keiner wird mich je einen „Normalo" nennen oder einen „Typ wie jeder andere auch". Ich steche aus der Masse heraus – wenn auch nicht nach oben hin.

Diese Einstellung hat mir schon oft geholfen, vor allem weil die erste Reaktion von Kindern und Erwachsenen auf mich oft seltsam ist. Wenn mir der Schalk im Nacken sitzt, dann nutze ich meine Einmaligkeit so richtig aus. Ich gehe immer wieder gern mit meinen Freunden, Cousins und Cousinen in große Einkaufszentren. Einmal entdeckten wir dort das Schaufenster eines Unterwäscheladens der australischen Marke Bonds.

Die männliche Schaufensterpuppe hatte nur einen weißen Bonds-Herrenschlüpfer an. Und sie sah aus wie ich: nur Kopf und Rumpf, keine Gliedmaßen – und ein hübsches Sixpack. Ich trug zufälligerweise auch eine Unterhose von Bonds, also beschlossen meine Freunde und ich, dass ich mich einmal als Mannequin probieren sollte. Wir gingen in das Geschäft, und sie hoben mich in die Auslage. Dann stellte ich mich neben die andere Puppe.

Die nächsten fünf Minuten spielte ich *Versteckte Kamera*. Sobald Leute vor dem Schaufenster stehen blieben und mich betrachteten, zuckte ich, blinzelte oder verbeugte mich – und sorgte für blankes Entsetzen! Meine Komplizen saßen draußen vor dem Geschäft und kamen aus dem Lachen nicht mehr heraus. Hinterher meinten sie, falls meine Rednerkarriere je ins Stocken geraten sollte, könnte ich immer noch als Schaufensterpuppe arbeiten.

Dein Leben ohne Limits

Selbst wenn es dir schwerfällt, anzunehmen, dass du anders bist als die anderen, danke Gott, dass er dich so geschaffen hat. Bitte ihn, dir zu zeigen, wie deine Einzigartigkeit anderen zugutekommen kann oder wie du damit Gott loben kannst.

26   Aus Fehlern lernen

Wohin ich auch sehe: Nirgendwo will man etwas von mir wissen. Ich finde keine Hilfe mehr, und keiner kümmert sich um mich. Deshalb schreie ich zu dir, Herr! Du allein bist meine Zuflucht! Du sorgst dafür, dass ich am Leben bleibe. Höre auf meinen Hilfeschrei, denn ich bin völlig verzweifelt! Rette mich vor meinen Verfolgern, denn ich bin ihnen hilflos ausgeliefert! Hole mich aus dieser Höhle heraus! Dann will ich dir danken vor allen, die dir vertrauen. Denn du hast eingegriffen und mir geholfen.

Psalm 142,5-8

Auf Misserfolg und Niederlagen kann man entweder durch Aufgeben reagieren, oder man kann aus ihnen lernen und es beim nächsten Mal besser machen. Ein Freund von mir ist Fitnesstrainer. Er empfiehlt seinen Kunden, beim Gewichtheben so lange weiterzumachen, bis sie scheitern. Klingt nicht sehr ermutigend, oder? Dahinter steckt jedoch die Idee, so lange zu pumpen, bis die Muskeln völlig erschöpft sind, damit man beim nächsten Mal seine eigene Grenze überschreitet und ein bisschen stärker wird.

Der Schlüssel zum Erfolg in jedem Sport und auch im Beruf ist das Üben. Ich verstehe Üben als einen Misserfolg, der zum

Erfolg führt. Dafür kann ich ein perfektes Beispiel liefern. Es hat mit mir und meinem Smartphone zu tun. Für dich ist das Handy vielleicht eine tolle Erfindung – für mich ist es ein Geschenk des Himmels: Ein einziges Gerät, mit dem sogar ein Kerl ohne Arme und Beine telefonieren, E-Mails und SMS schreiben, Musik hören, Notizen und Vorträge aufnehmen oder das Wetter und das Neueste aus der Welt abrufen kann. Und ich brauche dafür nur meine Zehen.

Na gut, perfekt für mich ist so ein Smartphone dann doch nicht. Der einzige Teil von mir, der den Touchscreen bedienen kann, ist am weitesten von dem Teil entfernt, der redet! Ich musste mir also einen Weg ausdenken, wie ich das Handy näher zum Mund bringen konnte, nachdem ich mit dem Fuß gewählt hatte. Die Methode, die ich entdeckt habe, ist ein gutes Beispiel dafür, dass man auf dem Weg zum Erfolg auch einige Blessuren einstecken muss. Es dauerte eine gute Woche, bis ich das Telefon mit dem kleinen Fuß auf die Schulter hochflippen konnte, um es dann mit dem Kinn einzuklemmen und bequem reden zu können. Du kannst es dir sicher vorstellen: Der Weg war gepflastert mit Fehlwürfen. Ich hatte so viele Kratzer und Beulen im Gesicht, als hätte mir jemand eins mit einem Sack voller Münzen übergezogen.

Ich verrate nicht, wie oft ich eins auf die Nase oder an den Kopf bekam – oder wie viele Mobiltelefone dran glauben mussten. Die eine oder andere Beule konnte ich mir leisten und auch ein paar alte Übungstelefone. Was ich mir nicht leisten konnte, war aufzugeben.

Jedes Mal, wenn mir das Handy ins Gesicht knallte, wurde ich nur noch entschlossener, es zu schaffen. Und irgendwann klappte es!

Wie es das Schicksal wollte, kamen kurz nach meinem großen Durchbruch als Handywerfer die Headsets mit Bluetooth auf den Markt, die man sich ganz bequem ans Ohr klemmt. Heute ist mein berühmter Handy-Flip ein Relikt vergangener Tage, und ich führe ihn nur noch zur allgemeinen Belustigung vor.

Dein Leben ohne Limits

Es ist keine Schande zu straucheln, danebenzuliegen, aufs falsche Pferd gesetzt zu haben oder auf der Strecke zu bleiben. Bedauerlich ist es nur, wenn man die Fehlschläge und Abwürfe nicht in Motivation umwandelt, wieder aufzustehen, neu aufzusitzen und dieses Mal im Sattel zu bleiben.

27   Ein kostbares Gut

Zwei haben es besser als einer allein, denn zusammen können sie mehr erreichen. Stürzt einer von ihnen, dann hilft der andere ihm wieder auf die Beine. Doch wie schlecht steht es um den, der alleine ist, wenn er hinfällt! Niemand ist da, der ihm wieder aufhilft! Wenn zwei in der Kälte zusammenliegen, wärmt einer den anderen, doch wie soll einer allein warm werden? Einer kann leicht überwältigt werden, doch zwei sind dem Angriff gewachsen. Man sagt ja auch: „Ein Seil aus drei Schnüren reißt nicht so schnell!"

Prediger 4,9-12

Mit einem Ziel vor Augen, Hoffnung, Selbstannahme, einer positiven Lebenseinstellung, Furchtlosigkeit, Durchhaltevermögen und Lernfähigkeit kann man es weit bringen. Aber wenn du allein bist, wirst du trotzdem scheitern. Ich für meinen Teil bin sehr stolz auf alles, was ich allein kann. Das hat mich ein gutes Stück Arbeit gekostet. Aber trotzdem bin ich noch von anderen abhängig – wie jeder andere auch.

Ich werde oft gefragt: „Ist das nicht schwer, immer auf andere angewiesen zu sein?" Dann antworte ich immer: „Sag *du* es mir." Ob du willst oder nicht: Jeder von uns braucht andere Menschen. Ich muss vielleicht eine andere Art von Hilfe in

Anspruch nehmen, aber kein Mensch auf dieser Erde kann sein Leben meistern, ohne vom Wissen, der Freundlichkeit oder der Hilfsbereitschaft anderer zu profitieren.

Jesus war auf dieser Erde selten allein unterwegs. Fast immer hatte er einen oder mehrere seiner Jünger dabei. Du solltest nie denken, dass du völlig auf dich allein gestellt bist. Es ist kein Zeichen von Schwäche, um Hilfe zu bitten, sondern von Stärke! Vielleicht brauchst du keinen Pfleger so wie ich, aber jeder von uns braucht „Pflege": jemanden, mit dem man seine Ideen teilen kann, der einem ehrliche Ratschläge erteilt oder einem Mut macht.

Hochnäsig und arrogant kann man nicht um Hilfe bitten. Man muss schon eine gewisse Demut an den Tag legen. Aber dafür sind die Leute umso mehr bereit, einem ihr Gehör und ihre Zeit zu schenken. Wer so tut, als wüsste er schon alles und brauche niemanden, wird nicht gerade mit Unterstützungsangeboten überhäuft werden.

Jeder braucht ein Netz aus tragfähigen Beziehungen. Gleichgesinnte. Dafür benötigst du eine Vertrauensbasis und musst beweisen, dass auch auf dich Verlass ist. Die meisten Leute handeln nämlich zuerst aus Eigeninteresse. Das ist ganz normal. Wenn du aber Interesse an anderen zeigst und dich für sie einsetzt, werden sie bald dasselbe für dich tun.

Dein Leben ohne Limits

Die Qualität deiner Beziehungen hat direkten Einfluss auf deine Lebensqualität, also behandle sie wie ein kostbares Gut. Gute Beziehungen sind nicht selbstverständlich.

28 Alltagsheld

Eure Liebe soll aufrichtig sein. Und wie ihr das Böse hassen müsst, sollt ihr das Gute lieben. Seid in herzlicher Liebe miteinander verbunden, gegenseitige Achtung soll euer Zusammenleben bestimmen. Bewältigt eure Aufgaben mit Fleiß, und werdet nicht nachlässig. Lasst euch ganz von Gottes Geist durchdringen, und dient Gott, dem Herrn. Seid fröhlich in der Hoffnung darauf, dass Gott seine Zusagen erfüllt. Seid standhaft, wenn ihr verfolgt werdet. Und lasst euch durch nichts vom Gebet abbringen. Helft anderen Christen, die in Not geraten sind, und seid gastfreundlich!

Römer 12,9-13

Träume verwirklicht man nicht vom Sessel aus. Ran an den Speck! Du hast es in der Hand: Fernbedienung oder Filmstar? Wenn dein Drehbuch noch nicht existiert, musst du es selbst schreiben. Vertrau auf Gottes Hilfe. Dein großer Traum kann Wirklichkeit werden! Wer weiß, völlig unerwartet geht dir ein Licht auf und deine Bestimmung wird sichtbar.

Aber selbst wenn du deine Bestimmung kennst und mit Hoffnung, Glauben, Selbstwert, einer positiven Einstellung, Mut, Hartnäckigkeit, Anpassungsvermögen und guten Beziehungen ausgestattet bist, darfst du nicht nur herumsitzen und auf das große Glück warten. Du musst jeden Faden ergreifen und ein starkes Seil daraus knüpfen. Manche Steine, die dir in den Weg gelegt werden, lassen sich gut als Stufe nutzen. Aber nur, wenn du den Mut für den Aufstieg hast.

Bei *Life Without Limbs* arbeiten wir nach dem Motto: „Aufgeben ist keine Option." Der Spruch hängt nicht eingerahmt an einer Bürowand – wir wollen ihn jeden Tag leben. Dr. Cara Barker, Psychologin und Führungstrainerin, schrieb einmal in einer amerikanischen Online-Zeitung über mich: „Nick Vujicic beweist, dass noch nicht alles verloren ist. Er begeistert Menschen aus einer Situation heraus, die wohl jeder andere als erdrückend empfinden würde. Vujicic, der Alltagsheld, findet selbst dort Wege, wo andere nur Sackgassen sehen."

Ich fühle mich von diesen Worten geehrt. Früher hätte ich es niemals für möglich gehalten, als Held bezeichnet zu werden oder andere zu begeistern. Doch dann entdeckte ich einen interessanten Zusammenhang: War ich frustriert über alles, was ich nicht hatte oder nicht konnte, suchten die Menschen das Weite. Nutzte ich aber meine Möglichkeiten, sie aufzumuntern oder ihnen zu helfen, wurden sie von mir angezogen.

Also habe ich gelernt, nicht auf mein Glück zu warten, sondern mein Leben selbst voranzutreiben. So baue ich mir meine eigenen Möglichkeiten. Eins führt zum anderen, ist meine Erfahrung. Jedes Mal, wenn ich irgendwo als Sprecher zu Gast bin, eine Veranstaltung besuche oder an einen neuen Ort reise, lerne ich Leute kennen, höre von einer neuen Organisation und nehme Informationen mit, die den Horizont weiten und später einmal nützlich sein könnten.

Dein Leben ohne Limits

Erarbeite dir Kriterien, nach denen du deine Zeit und Energie investierst. Geh nicht nur danach, was sich gut anfühlt, sondern was dich deinen Zielen näher bringt. Du erntest die Früchte deiner Entscheidungen – ob sie gut sind oder nicht. Sei weise!

29 Das große Ganze

Glaubt nur nicht, ihr könntet euch über Gott lus-
tig machen! Ihr werdet genau das ernten, was ihr
gesät habt. Wer sich nur auf sich selbst verlässt, den
erwartet der ewige Tod. Wer sich aber durch den
Geist Gottes führen lässt, dem wird Gott das ewige
Leben schenken. Werdet nicht müde, Gutes zu tun.
Es wird eine Zeit kommen, in der ihr eine reiche
Ernte einbringt. Gebt nur nicht vorher auf! Solan-
ge uns noch Zeit bleibt, wollen wir allen Menschen
Gutes tun; vor allem aber denen, die mit uns an
Jesus Christus glauben.

Galater 6,7-10

Ich habe in meinem Beruf als Redner am Anfang den Fehler
gemacht, mich zu früh vor großes Publikum zu stellen. Nicht,
dass ich nichts zu sagen gehabt hätte, aber mein Material war
schlecht strukturiert und meine Vortragsweise noch völlig un-
geschliffen. Also fehlte mir die Sicherheit für einen solchen
Auftritt.

Ich stotterte und stammelte mich durch meine Rede. Das
Publikum war geduldig, aber ich habe es immer wieder ver-
masselt. Immerhin habe ich daraus gelernt, dass ich die Gelegenheit nur dann beim Schopf ergreifen sollte, wenn ich die
Aufgabe auch wirklich schaffen kann. Das soll kein Aufruf

sein, immer auf der sicheren Seite zu bleiben und nie über sich selbst hinauszuwachsen. Manchmal ist man weiter, als man denkt. Dann bekommt man einen kleinen Schubs von Gott und kann zeigen, was in einem steckt.

Nicht jede Chance ist freilich ein Sprungbrett. Manche entpuppen sich auch als Stolpersteine. Es lohnt sich, genau abzuwägen, welcher Weg zum Ziel führt. Manche Chancen sehen vielleicht auf den ersten Blick wie ein potenzieller Schritt zum Erfolg aus, werden dir aber langfristig nur schaden. Die Entscheidungen von heute sind die Konsequenzen von morgen.

Wie oft lassen sich junge Leute auf eine Beziehung ein, ohne darüber nachzudenken, ob ihr Partner auf lange Sicht gut für sie ist. Im Internet sind viele inzwischen vorsichtig mit ihren Daten: Womit man dort um sich wirft, kann schnell zum Bumerang werden. Und dasselbe trifft auf unsere Entscheidungen im realen Leben zu. Sie haben Langzeitfolgen – und die können dich voranbringen oder dir schaden. Der kurzfristige Erfolg mag vielversprechend aussehen, aber was wird auf lange Sicht daraus?

Dein Leben ohne Limits

Gönn dir etwas Abstand, und richte deinen Blick auf das große Ganze. Denk dran: Im Leben wird man oft auf die Probe gestellt, aber das Leben ist kein Probelauf. Es ist der Ernstfall. Deine täglichen Entscheidungen weisen die Richtung, in die dein Leben geht. Prüfe also alle Möglichkeiten sorgfältig, und dann befrage dein Gefühl und dein Herz. Wenn dein Gefühl dir von einer bestimmten Sache abrät, hör darauf. Wenn aber dein Herz dir rät, die Gelegenheit beim Schopf zu ergreifen und wenn sie zu deinen Werten passt – greif zu! Bei manchen Chancen bekomme ich eine Gänsehaut und möchte mich am liebsten sofort ins Abenteuer stürzen. Aber dann atme ich tief durch und bitte Gott um Weisheit für die richtige Entscheidung.

30 Wahre Sprungbretter

Weisheit und Urteilsvermögen zu erlangen ist viel kostbarer als Silber oder Gold! Wer ehrlich ist, meidet das Böse; wer dies beachtet, wird sein Leben retten. Der Stolze wird gestürzt: ja, Hochmut kommt vor dem Fall! Lieber bescheiden und arm sein als Beute teilen mit den Hochmütigen! Wer auf das hört, was ihm beigebracht wird, ist erfolgreich; und wer dem Herrn vertraut, der findet Glück. Man vertraut dem Urteil eines vernünftigen Menschen; und wenn er dazu noch gut reden kann, überzeugt er jeden. Wer Verstand besitzt, hat ein erfülltes Leben; aber einen Dummkopf zu belehren, ist reine Zeitverschwendung.

Sprüche 16,16-22

Vielleicht hast du dich nach Kräften auf alles vorbereitet und wartest auf den richtigen Moment, aber er kommt nicht. Dann kann es sein, dass du am falschen Ort suchst. Wenn du Weltmeister im Surfen werden willst, wirst du in Alaska lange auf eine Welle warten. Manchmal ist ein Tapetenwechsel nötig, um Bewegung in die Sache zu bringen. So ging es mir mit meiner Karriere als Redner. Das Sprungbrett in „Down Under" war einfach zu kurz. In den USA hatte ich ganz andere Möglichkeiten, bekannt zu werden; also zog ich um.

Von selbst ging es in den Vereinigten Staaten aber auch nicht. Ich musste hart für meinen Durchbruch arbeiten. Eine gute Entscheidung war, mich mit Menschen zu vernetzen, die meine Leidenschaft für das Reden und Hoffnungmachen teilen. Studien belegen, dass die beste Informationsquelle für Stellenangebote das Netzwerk von Freunden und Kollegen ist. Über den Flurfunk und die Gerüchteküche bekommt man die Neuigkeiten einfach schneller mit als über andere Medien. Ob du eine neue Beziehung suchst, einen Job, eine gute Geldanlage, ein spannendes Ehrenamt oder den richtigen Ort, um dein Talent zu zeigen – es lohnt sich, Verbindungen zu knüpfen. Werde Mitglied in Berufsgruppen, Ortsvereinen, der Handelskammer, der Kirche oder einer Hilfsorganisation. Das Internet ist sowieso geschaffen für gegenseitige Vernetzung. Je größer dein Bekanntenkreis, desto größer die Chance, für deinen Traum eine offene Tür zu finden.

Beschränke dich auch nicht nur auf die Personen, Organisationen oder Webseiten, die sich speziell mit deinem Interessengebiet beschäftigen. Jeder kennt jemanden, der jemanden kennt … Halte dich an Leute, die Träume haben und leidenschaftlich etwas verfolgen, selbst wenn es sich mit deinen Interessen überhaupt nicht deckt.

Auf der anderen Seite ist es wenig hilfreich, wenn deine Umgebung nichts von deinen Träumen hält oder allgemein etwas dagegen hat, sein Leben in die Hand zu nehmen. Wenn das der Fall ist, solltest du dir neue Leute suchen.

Bleiben trotzdem die Angebote aus, die du dir wünschst, musst du dir vielleicht einen höheren Ausgangspunkt erkämpfen und noch einmal die Schulbank drücken. Wenn eine Universität nicht infrage kommt, versuch es bei einer Berufsfachschule oder einer Abendschule. Lass dich nicht von den Kosten abschrecken: Es gibt mehr Fördermöglichkeiten und Stipendien, als du denkst. Wenn du schon einen Abschluss hast, könntest du vielleicht noch einen Master oder eine Promotion draufsatteln oder Mitglied in einer Berufsvereinigung, Onlinegemeinschaft oder einer speziellen Internetplattform werden, wo sich die Leute deines Fachs tummeln.

Dein Leben ohne Limits

Wenn du auf der Stelle trittst, werden sich nur wenige Gelegenheiten auftun. Finde heraus, wo man Chancen bekommt, und setze dich in Bewegung!

31

„Wenn dir das Leben
eine Zitrone gibt,
mach Limonade draus!"

*Viele irrten in der trostlosen Wüste umher und
konnten den Weg zu einer bewohnten Stadt nicht
finden. Vor Hunger und Durst waren sie am Ende
ihrer Kraft und verloren allen Mut. In auswegloser
Lage schrien sie zum Herrn, und er rettete sie aus
ihrer Not. Er half ihnen, den richtigen Weg zu finden, und führte sie zu einer Stadt, in der sie wohnen konnten. Sie sollen den Herrn preisen für seine
Gnade und für seine Wunder, die er uns Menschen
erleben lässt! Denn fast wären sie verhungert und
verdurstet, doch er gab ihnen genug zu essen und
zu trinken.*

Psalm 107,4-9

Von Albert Einstein stammt der Satz: „Inmitten der Schwierigkeiten liegt die Möglichkeit." Die Wirtschaftskrise hat unzählige Jobs vernichtet. Viele Menschen stehen vor dem finan-
ziellen Ruin. Was soll Gutes erwachsen aus solchen Zeiten?

Zu den Firmen, die mitten in Rezessionen oder Wirtschafts-
krisen gegründet wurden, gehören Hewlett Packard, UPS,
Microsoft, Symantec und Toys"R"Us. Ihre Gründer suchten

nach neuen und besseren Wegen, Kundenwünsche zu erfüllen, weil die alten gerade ziemlich versagt hatten. Sie nutzten das gelockerte Gefüge und die Gunst der Stunde, um ihre Visionen in die Tat umzusetzen. Ohne Frage hatte die Wirtschaftskrise eine ganze Welle von negativen Auswirkungen, die sehr vielen Familien und Firmen geschadet hat. Aber viele Betroffene legten angesichts ihres Jobverlusts nicht die Hände in den Schoß. Sie wurden selbst Unternehmer, gingen noch mal aufs College oder wagten es endlich, ihren Traum zu verwirklichen: das kleine Café an der Ecke, der Gartenservice, die Band oder ein selbst geschriebenes Buch.

Zu denen, die in der Wirtschaftskrise ihren Job verloren, gehörten auch Tausende von Journalisten. Ihren Berufsstand traf es in den USA besonders schwer, weil die Krise genau in dem Moment losbrach, als die Zeitungen ihr lukratives Kleinanzeigengeschäft an Onlineanbieter verloren. Es ist interessant zu beobachten, wie ehemalige Journalisten, die so stolz auf ihren Einfallsreichtum und ihre Kreativität waren, auf die neue Situation reagiert haben. Ich weiß von einigen, die eine neue Karriere starten konnten. Sie sind in die Öffentlichkeitsarbeit gegangen, zu gemeinnützigen Organisationen oder internetbasierten Mediendiensten.

Mit am meisten beeindruckt hat mich der ehemalige Redakteur einer schrumpfenden Tageszeitung in Kalifornien. Er ist der Vizepräsident einer Firma für Krisenmanagement geworden, die sich um die Kommunikation im Insolvenzfall kümmert und gerade ein unglaubliches Wachstum hinlegt.

„Wenn dir das Leben eine Zitrone gibt, mach Limonade draus!" Hinter dieser Philosophie verbirgt sich nur ein Perspektivenwechsel: Nicht mehr über das Problem jammern, sondern eine kreative Lösung suchen. Dazu muss man flexibel, entschlossen und bereit sein.

Dein Leben ohne Limits

Es ist wirklich eine Frage der Perspektive. Daran versuche ich mich jedes Mal zu erinnern, wenn ich auf Schwierigkeiten stoße. „Gott verschwendet seine Zeit nicht, also auch nicht deine", sage ich mir dann immer. Anders ausgedrückt: Am Ende wird doch etwas Gutes daraus. Ich glaube das wirklich. Probier es einmal aus! Ich könnte zig Fälle aufzählen, bei denen es so gekommen ist.

32   Umwege und Gelegenheiten

Ich sage das nicht, um euch auf meine Not auf-
merksam zu machen. Schließlich habe ich gelernt,
in jeder Lebenslage zurechtzukommen. Ob ich nun
wenig oder viel habe, beides ist mir durchaus ver-
traut, und so kann ich mit beidem fertigwerden:
Ich kann satt sein und hungern; ich kann Mangel
leiden und Überfluss haben. Alles kann ich durch
Christus, der mir Kraft und Stärke gibt.

Philipper 4,11-13

Vor ein paar Jahren war ich mit meinem Pfleger unterwegs.
Einer unserer Flüge hatte Verspätung (welche Überraschung).
Als wir endlich im Flugzeug saßen und aus der Parkposition
geschleppt wurden, sah ich durch mein kleines Fenster, wie
Rauch aus dem Triebwerk kam.

Eine Feuerwehr brauste heran. Die Mannschaft sprang heraus und spritzte Löschschaum auf das Triebwerk, um die
Flammen zu ersticken. „Wegen eines kleinen Feuers im Triebwerk werden wir eine Notevakuierung durchführen", sagte
eine Stimme aus den Lautsprechern im Flugzeug.

Also gut, dachte ich. Ein Feuer im Triebwerk ist kein Pappen-
stiel, aber dass wir noch am Boden waren, als das „kleine

Feuer" ausbrach, sah ich als ein großes Plus an. Dann wurde angesagt, dass sich unser Flug um weitere zwei Stunden verzögern würde. Im Passagierraum wurde es laut. Erbost beschwerten sich viele Fluggäste. Ich war auch verärgert, aber zugleich froh, dass dieser Notfall wenigstens nicht in der Luft passiert war. Jedenfalls sagte ich das zu mir selbst.

Es fiel mir trotzdem schwer, positiv gestimmt zu bleiben. Unser Zeitplan war wirklich eng. *Denk dran, Gott verschwendet keine Zeit*, ermahnte ich mich. Dann kam die nächste Durchsage: An einem anderen Flugsteig stand schon ein Flugzeug für uns bereit. *Geht doch!*

Wir beeilten uns, zum neuen Gate zu kommen, stiegen ein und machten uns bereit für den Flug. Ich war erleichtert, bis ich merkte, dass die Frau neben mir leise weinte.

„Kann ich irgendetwas für Sie tun?", fragte ich.

Sie erklärte mir, dass sie auf dem Weg zu ihrer fünfzehnjährigen Tochter war. Eine Routineoperation war schiefgegangen, und nun schwebte das Mädchen in Lebensgefahr. Ich gab mir alle Mühe, die Mutter zu trösten. Fast den ganzen Flug lang unterhielten wir uns, und sie verriet mir ihre Flugangst.

„Wenn es schlimm wird, nehmen Sie einfach meine Hand", sagte ich und entlockte ihr damit sogar ein Lächeln.

Nach der Landung bedankte sich die Mutter bei mir. Ich erwiderte, dass ich froh sei, nach so vielen Verzögerungen und Änderungen ausgerechnet neben ihr gesessen zu haben.

Gott hatte meine Zeit tatsächlich nicht verschwendet. Er wusste, was er tat. Er setzte mich neben diese Frau, damit ich sie trösten und ablenken konnte. Je mehr ich darüber nachdachte, desto dankbarer war ich dafür, dass ich ihr mein mitfühlendes Ohr hatte schenken können.

Dein Leben ohne Limits

Das nächste Mal, wenn dir etwas Unvorhergesehenes passiert, sieh es nicht als Störung und Belästigung. Suche das versteckte Gute darin – die Gelegenheit, die dich oder jemanden in deiner Umgebung voranbringt. Sei bereit, Gottes Werkzeug zu sein!

33 Das Risiko wagen

Nehmt ihm das Geld weg, und gebt es dem, der die fünf Zentner hatte! Denn wer viel hat, der bekommt noch mehr dazu, ja, er wird mehr als genug haben! Wer aber nichts hat, dem wird selbst noch das Wenige, das er hat, genommen. Und jetzt werft diesen Nichtsnutz hinaus in die Finsternis, wo es nur Weinen und ohnmächtiges Jammern gibt!

Matthäus 25,28-30

Während des Studiums habe ich in den Fächern Finanzplanung und Wirtschaft einiges über Risikominimierung gelernt. Sowohl in der Geschäftswelt als auch im Leben allgemein gilt: Ohne Risiko geht es nicht. Aber man kann es durchaus abfedern und mildern. Dazu gehört, die Sache so gut wie möglich zu kennen, in die man da hineinschlittert – egal, was es ist.

Ich kenne zwei Arten von Risiken: das Risiko, etwas zu versuchen, und das Risiko, es bleiben zu lassen. Soll heißen: Risiko ist eigentlich immer mit von der Partie.

Angenommen es gibt da jemanden in deinem Umfeld, den du interessant findest. Es ist ein gewisses Risiko, sie oder ihn nach einem Date zu fragen. Schließlich kannst du dir eine Abfuhr einhandeln. Aber was ist, wenn du nicht fragst? Vielleicht hätte diese wundervolle Person Ja gesagt! Wer weiß, womöglich wäre es die große Liebe geworden? Es gibt nur einen Weg, das herauszufinden: Du musst es drauf ankommen lassen. Ist das nicht einen Korb wert? Es wird nicht immer glattgehen. Du wirst Misserfolge haben. Aber der Schlüssel ist, sich wieder aufzurappeln und es so lange zu versuchen, bis du am Ziel bist.

Wer leben will, muss bereit sein, sich nach Neuem auszustrecken. Wer gut leben will, muss außerdem bereit sein, das Für und Wider seiner nächsten Schritte zu kalkulieren. Alles hat man natürlich nicht in der Hand. Aber einiges schon. Konzentriere dich auf das, was du im Voraus steuern kannst, wäge alle Möglichkeiten gut ab, und dann triff eine Entscheidung. Manchmal sehen die Chancen auf dem Papier nicht gut aus, aber dein Gefühl gibt dir trotzdem grünes Licht. Das kann gut gehen. Oder auch schief. Aber ich wette, dass du nicht bereust, es versucht zu haben.

Ich betrachte mich als Redner und Prediger, aber zugleich auch als Unternehmer. Über die Jahre habe ich verschiedene Firmen gehabt und viele Bücher über Unternehmertum gelesen. Immer gibt es ein Kapitel über Risiko darin. Obwohl man erfolgreiche Unternehmer meistens als risikofreudig einschätzt, ist das Gegenteil der Fall: Sie sind Meister darin, Risiken zu minimieren und dann trotz des Restrisikos zu handeln.

Dein Leben ohne Limits

Wenn du nicht bereit bist, Risiken einzugehen oder von anderen auch mal für peinlich gehalten zu werden, dann wird das berühmte kleine Quäntchen zum Glück fehlen. Und bitte: Gönn dir etwas Spaß. Tu es für dich und die Menschheit. Lachen gehört zum Leben und Herumalbern auch – schließlich sollst du die Reise auch genießen können.

34 Stehaufmännchen

Alle, die voller Wut gegen dich toben, werden am Ende in Schimpf und Schande dastehen. Die Männer, die dich bekämpfen, werden zugrunde gehen. Niemand redet dann mehr von ihnen. Vergeblich wirst du dich umsehen nach denen, die Krieg mit dir führten – du wirst sie nicht mehr finden. Wo sind sie geblieben, deine Feinde? Sie sind verschwunden, als ob es sie nie gegeben hätte. Denn ich bin der Herr, dein Gott. Ich nehme dich an deiner rechten Hand und sage: Hab keine Angst! Ich helfe dir.

Jesaja 41,11-13

Manchmal läuft im Leben alles glatt und man fährt mit voller Kraft voraus. Doch plötzlich tut sich ein riesiges Schlagloch auf, und es macht *Rumms!* Wenn man die Augen wieder aufmacht, stehen Freunde und Familie ums Bett, streichen einem über den Kopf, klopfen einem auf die Schulter und sagen, dass schon alles wieder gut werden wird.

Hast du das schon erlebt? Vielleicht bist du ja jetzt gerade in so einer Situation, liegst hilflos auf dem Rücken und hast das Gefühl, als könntest du nie wieder aufstehen.

Ich weiß nur zu gut, wie sich das anfühlt. Wenn ich in meinen Vorträgen dem Publikum vermitteln will, dass man nie aufgeben sollte, demonstriere ich meine Methode, ohne Arme und Beine aufzustehen. Ich lasse mich auf den Bauch plumpsen und wende meine patentierte Stirn-gegenpress-und-hochdrück-Technik an, bis ich wieder aufrecht stehe. Dann verkünde ich dem Publikum, dass es immer einen Weg gibt – auch wenn man keinen sieht. Im Lauf der Jahre habe ich dank dieser Methode ordentliche Nacken-, Schulter- und Brustmuskulatur bekommen.

Aber auch ich muss Rückschläge erst verdauen. Eine handfeste finanzielle Krise, den plötzlichen Arbeitsplatzverlust, eine zerbrochene Beziehung oder den Verlust eines lieben Menschen steckt man nicht so einfach weg. Und wenn man sowieso schon labil oder empfindlich ist, dann reicht auch eine Kleinigkeit, um einen aus der Bahn zu werfen. Wenn du dich mit einem Problem schwerer tust als normal, empfehle ich dir Folgendes: Stütz dich dankbar auf die Leute, denen du wichtig bist; habe Geduld mit deinen empfindlichen Gefühlen; versuche trotzdem, so gut es geht, einen unverstellten Blick auf die Realität zu bekommen, und setze deine Überzeugungen in die Tat um.

So schwer es auch fällt: Mach einen Schritt nach dem anderen. Versuch, einen Tag nach dem anderen anzugehen. Durch jede Herausforderung lernst du wertvolle Lektionen und baust neue Kräfte auf.

Mein Lösungsansatz für schwere Zeiten und Krisen steht auf drei Säulen. Erstens: Nimm eine innere Korrektur vor, damit du die Oberhand über deine Gefühle hast und nicht andersherum. So bekommst du dein Leben unter Kontrolle und kannst Schritt für Schritt überlegt handeln. Zweitens: Denke an die Notsituationen zurück, die du überstanden hast und die dich stärker und weiser gemacht haben. Drittens: Bleib nicht allein, sondern wende dich an andere – nicht nur, um Ermutigung und Hilfe zu bekommen, sondern auch um sie weiterzugeben. Sowohl Nehmen als auch Geben birgt Heilungskräfte.

Dein Leben ohne Limits

Mir bringt es inneren Frieden zu wissen, dass es einen Plan für mein Leben gibt. Ich weiß, dass mein Wert, mein Lebensziel und meine Bestimmung nicht davon abhängen, was mir im Leben passiert, sondern wie ich darauf reagiere.

35 Geduld in der Krise

Die Schmach bricht mir das Herz, sie macht mich
krank. Ich hoffte auf Mitleid, aber nein! Ich suchte
Trost und fand ihn nicht! Sie mischten Gift in mei-
ne Speise; und als ich Durst hatte, gaben sie mir
Essig zu trinken.

Psalm 69,21+22

Im Dezember 2010 rauschte ich schnurstracks gegen die Wand. Ich kam eine ganze Weile ins Taumeln – länger als je zuvor in meinem Erwachsenenleben.

Schwere Krisen wünsche ich niemandem, aber irgendwie scheinen sie zum Leben dazuzugehören. Ich glaube, sie sind dazu da, dass ich etwas über mich lerne, zum Beispiel, wie stark mein Charakter oder wie tief mein Glaube ist.

Du hast wahrscheinlich selbst schon Tiefpunkte erlebt und einiges daraus gelernt. Persönliche, finanzielle oder berufliche Krisen passieren leider viel zu häufig, und gerade emotional damit fertigzuwerden, fällt schwer. Aber wenn man sie als Gelegenheiten für persönliches Wachstum und als Lernchancen sieht, dann kommt man schneller wieder auf einen grünen Zweig.

Sollte deine Verzweiflung jedoch nach einer Weile nicht wieder abklingen und das bedrückende Gefühl dein Dauerbegleiter werden, dann ziehe eine vertraute Person oder einen

Psychologen zurate. Manches emotionale Trauma bedarf professioneller Hilfe. Sich an einen Experten zu wenden, ist nichts, wofür man sich schämen muss. Millionen von Menschen haben so ihre Depressionen überwunden.

Ein Schicksalsschlag oder eine schwere Krise löst lähmende Traurigkeit, Verzweiflung und Trauer aus. Unerwartete und aufreibende Ereignisse können einen überwältigen und die Gefühlswelt auf den Kopf stellen. In solchen Situationen ist es wichtig, dass man sich nicht zurückzieht und isoliert. Besser ist es, Familie und Freunde an sich heranzulassen, um von ihnen getröstet zu werden. Geduld ist gefragt, mit ihnen und mit einem selbst.

Heilung braucht Zeit. Nur bei den wenigsten Leuten ist „auf einmal" alles wieder gut – rechne also lieber nicht damit. Heilung ist kein passiver Prozess, sondern etwas, woran man arbeiten muss. Also leg den Schalter um, und zapfe die Kraftquellen an, die durch dich hindurchfließen, z. B. deine Willenskraft und die Kraft, die in deinem Glauben steckt.

Ich wünschte, ich könnte dir berichten, dass ich eines Tages mit klarem Kopf und frischem Geist aufwachte, aus dem Bett sprang und rief: „Da bin ich wieder!" Aber so war es leider nicht. Und falls du gerade eine schwere Zeit durchmachst, kannst auch du nicht damit rechnen, fürchte ich. Aber verlass dich drauf: Es kommen wieder bessere Tage.

Dein Leben ohne Limits

Dein Comeback wird wohl aus vielen kleinen Schritten bestehen und sich über mehrere Wochen und Monate erstrecken – jedenfalls war es bei mir so. Ich wünsche dir, dass es bei dir schneller geht, aber auch eine langsame Genesung hat ihre Vorteile. Wenn sich der Nebel der Verzweiflung langsam lichtet, kannst du für jeden Lichtstrahl dankbar sein, der hindurchdringt.

36 Realitätscheck

Nein – ich kann nicht schweigen! Der Schmerz
wühlt in meinem Innern. Ich lasse meinen Worten
freien Lauf, ich rede aus bitterem Herzen. O Gott,
warum lässt du mich so scharf bewachen? Bin ich
denn das Meer oder ein Meeresungeheuer? Wenn
ich dachte: „Ich will im Schlaf Ruhe finden und
mein Elend vergessen", dann hast du mich bis in
die Träume verfolgt und mir durch Visionen Angst
eingejagt. Am liebsten würde ich erhängt! Lieber
sterben, als noch länger in diesem elenden Körper
leben! Ich gebe auf! So will ich nicht mehr weiter-
leben! Lass mich in Ruhe, denn mein Leben hat
keinen Sinn mehr!

Hiob 7,11-16

Als ich auf meinen Tiefpunkt zusteuerte, stellte sich ein Effekt
ein, den du vielleicht aus deinem eigenen Leben kennst. Durch
das Aufreißen von alten Wunden und das Schüren alter Ängste sah nämlich für mich alles noch viel schlimmer aus, als es in
Wirklichkeit war. Ein Zeichen dafür, dass deine Sichtweise
nicht zur tatsächlichen Situation passt, sind übertriebene Re-
aktionen wie:

Das bringt mich noch um.
Wie soll ich mich je davon wieder erholen?

Das ist mit Abstand das Schlimmste, was mir je passiert ist.
Wieso hasst mich Gott nur?
Und auch beliebt: *Mein Leben ist endgültig im Eimer!*

Ich gebe natürlich nicht zu, dass solche lächerlichen Phrasen auch schon über meine Lippen gekommen sind. Aber der eine oder andere in meiner Umgebung könnte sich vielleicht an solches Gejammer erinnern. (Oder an noch Schlimmeres!)

Gerne halte ich als gutes Beispiel für ein schlechtes Beispiel her. Solche übertriebene Sprache zu benutzen, hätte für mich ein Signal sein sollen, dass meine Verzweiflung überzogen war. Meine Wahrnehmung sah ungefähr so aus: *Ich bin ein Versager! Bald bin ich endgültig pleite. Also werden meine größten Ängste doch wahr! Meine Unabhängigkeit geht flöten! Ich bin eben doch nur eine Last für meine Eltern. Und ihrer Liebe bin ich nicht wert.*

Und so sah die Realität aus: Meine Firma musste während einer Wirtschaftskrise eine kurzfristige Verzögerung des Kapitalflusses wegstecken. Wir standen mit fünfzigtausend Dollar in der Kreide, was nicht gut war. Aber ein überwältigendes Defizit war das auch nicht, gemessen an den Wachstumsaussichten, die die steigende weltweite Nachfrage mit sich brachte. Ich habe Rechnungswesen und Finanzplanung studiert, und Ökonomie gehörte zum Lehrplan. Ich wusste sehr wohl, was Angebot und Nachfrage und Kapitalfluss sind, aber mein Wissen wurde von meinen Gefühlen überlagert.

Dein Leben ohne Limits

Kennst du das? Warst du schon einmal von einer Situation regelrecht überwältigt, obwohl sie in Wirklichkeit gar nicht so schlimm war? Gefühle beeinflussen unsere Wahrnehmung, und mitten in der Verzweiflung kann es sehr schwer sein, die Dinge realistisch zu sehen. Aber ein Realitätscheck lohnt sich!

37 Auf Herz und Nieren

Laut stöhnen die Menschen unter der Last der Ge-
waltherrschaft, sie schreien nach Befreiung vom
Joch der Tyrannei. Doch keiner fragt nach Gott,
nach seinem Schöpfer, der in der dunkelsten Stunde
uns noch Hoffnung gibt. Keiner wendet sich an
Gott, der uns belehrt und der uns weiser macht als
alle Tiere draußen, klüger als die Vögel in der Luft.

Hiob 35,9-11

Als die negativen Gedanken nachließen und ich wieder halb-
wegs klar denken konnte, war ich froh über die Gelegenheit,
das Geschehene Revue passieren zu lassen. Wie war ich überhaupt so tief gestürzt?

Ich analysierte mein Verhalten und entdeckte, dass ich mich
die ganze Zeit selbst angetrieben hatte. Mein Erfolg hängt von
mir selbst ab, dachte ich immer. Stattdessen hätte ich mich viel
mehr auf Gott, seine Kraft und sein Timing verlassen sollen.
Ich hätte meinen Glauben praktisch werden lassen sollen.

Die schlimmsten Zeiten, in denen unsere Überzeugungen
auf eine harte Probe gestellt werden, können gleichzeitig die
besten Zeiten sein, um sie zu erneuern und auf Herz und Nie-
ren zu prüfen. Ein alter Fußballtrainer sagte einmal zu mir, er
fände Verlieren genauso wichtig wie Gewinnen. Beim Verlieren würden nämlich Schwächen und Versäumnisse offenbar

werden, die wahrscheinlich die ganze Zeit vorhanden waren und angegangen werden müssen, wenn die Mannschaft langfristig erfolgreich sein will. Zu verlieren würde seine Spieler außerdem motivieren, die Fähigkeiten zu trainieren, die man zum Gewinnen beherrschen muss.

Wenn es einem gut geht, dann setzt man sich für gewöhnlich nicht hin und stellt sein Leben auf den Prüfstand. Die meisten Leute nehmen sich erst Zeit dafür, wenn im Beruf, den Beziehungen oder sonst einem Lebensbereich die gewünschten Ergebnisse ausbleiben. Und das nicht ohne Grund: Aus jedem Rückschlag, Misserfolg und Scheitern kann man wertvolle Erkenntnisse ziehen und sogar Gutes daran finden.

Zu Beginn meiner Krise wegen der Firmenschulden hatte ich natürlich wenig Lust, nach Erkenntnissen Ausschau zu halten. Aber im Lauf der Zeit hatte ich einige Aha-Erlebnisse, und mir wurde allmählich klar, was gut daran war. Ich denke nicht so gern über diese Phase nach, aber manchmal zwinge ich mich dazu, weil ich jedes Mal tiefer eindringe und mit neuen Erkenntnissen zurückkehre. Deswegen kann ich dich nur ermutigen, deine „Problemzonen" danach zu durchforsten, was du daraus lernen kannst. Am liebsten möchte man schwere Zeiten natürlich vergessen und hinter sich lassen. Niemand fühlt sich gern verletzlich. Mir macht es auch keineswegs Spaß, mich daran zu erinnern, wie ich mich in meiner Verzweiflung gesuhlt, Mitleidsorgien gefeiert und überreagiert habe, obwohl es letztendlich nur ein temporärer Rückschlag war.

Trotzdem befreit man die Erfahrungen der Vergangenheit am besten von ihrem Schmerz, indem man ihn mit Dankbarkeit ersetzt. Mein Onkel Batta Vujicic hat mir mit seinem

Lieblingsmotto schon oft geholfen: „Auch aus dem größten Mist kann Gott noch den besten Dünger machen."

Dein Leben ohne Limits

Ich brauche wohl nicht zu erwähnen, dass es kein passiver Vorgang ist, seine Überzeugungen in die Tat umzusetzen. Bewusst und bestimmt muss man einen Fuß vor den anderen setzen, um wieder auf den richtigen Weg zu kommen. Wer so wie ich davon abkommt, sollte sich irgendwann hinsetzen und fragen, was da eigentlich passiert ist, warum es passiert ist und was man jetzt tun kann, um wieder auf Kurs zu kommen.

38 Schritt für Schritt

Jesus sagte zu seinen Jüngern: „Macht euch keine
Sorgen um euren Lebensunterhalt, um Essen und
Kleidung. Leben bedeutet mehr als Essen und Trin-
ken, und der Mensch ist wichtiger als seine Klei-
dung. Seht euch die Raben an! Sie säen nichts und
ernten nichts, sie haben keine Vorratskammern und
keine Scheunen; aber Gott versorgt sie doch. Meint
ihr nicht, dass ihr ihm viel wichtiger seid? Und
wenn ihr euch noch so viel sorgt, könnt ihr doch euer
Leben um keinen Augenblick verlängern. Wenn ihr
aber nicht einmal das könnt, was sorgt ihr euch um
all die anderen Dinge? Seht euch an, wie die Lilien
blühen! Sie können weder spinnen noch weben. Ich
sage euch, selbst König Salomo war in seiner ganzen
Herrlichkeit nicht so prächtig gekleidet wie eine die-
ser Blumen. Wenn Gott sogar das Gras so schön
wachsen lässt, das heute auf der Wiese grünt, morgen
aber schon verbrannt wird, wie könnte er euch dann
vergessen? Vertraut ihr Gott so wenig?"

Lukas 12,22-28

Man sollte versuchen, nie den Überblick zu verlieren, auch
nicht mitten in der Krise. Das habe ich inzwischen erkannt.
Angst facht nämlich noch mehr Angst an, und Sorgen lassen

sich hervorragend stapeln. Natürlich kann man Trauer, Gewissensbisse, Schuldgefühle, Wut und Angst nicht einfach abschalten. Aber man kann sie als rein emotionale Reaktion auf das Problem erkennen und dafür sorgen, dass sie nicht das Handeln bestimmen.

Einen kühlen Kopf zu bewahren, setzt Reife voraus, und Reife braucht Erfahrung. So eine Situation wie meine Schuldenkrise hatte ich noch nie erlebt, und weil ich vom vielen Reisen auch körperlich erschöpft war, zeigte ich mich nicht gerade von meiner reifsten Seite.

Mein Vater und andere schlaue Freunde und Familienmitglieder versuchten mir Mut zu machen. Sie erzählten von ihren eigenen Erfahrungen und davon, wie sie Krisen durchgestanden hatten. Wie ich bereits erwähnte, ist Onkel Batta in Kalifornien im Bereich der Liegenschaftsverwaltung und Immobilienentwicklung tätig. Er hat schon viele Hochs und Tiefs erlebt. Ein Defizit von fünfzigtausend Dollar ist in seiner Firma von der Kategorie „Peanuts", und er versuchte mir klarzumachen, dass das auch für meine Firma kein unüberwindbarer Schuldenberg sein musste.

Auch wenn ich wirklich gern von anderer Leute Fehler lernen und auf ihre Ratschläge hören würde, scheint es so, als müsse ich die meisten Fehler erst selbst machen, bevor ich daraus schlau werde. Aber ich habe mir vorgenommen, in Zukunft ein besserer Schüler zu sein. Stell dir vor, du und ich würden von jeder Person, die wir kennen, einen guten Ratschlag beherzigen. Wie viel weiser wären wir? Wie viel Zeit, Kraft und Geld würden wir sparen?

Warum fällt es uns eigentlich so schwer, von anderen Ratschläge anzunehmen, sie zu verinnerlichen und die entsprechenden Änderungen vorzunehmen? Lieber machen wir uns unnötig Stress und denken: „Ich muss das Problem *jetzt sofort* lösen!" In manchen Krisen besteht natürlich sofortiger Handlungsbedarf, aber das kann schließlich auch einen stufenweisen Lösungsansatz beinhalten, der Schritt für Schritt und einen Tag nach dem anderen zum Erfolg führt.

Dein Leben ohne Limits

Einer meiner Berater hat das einmal sehr gut auf den Punkt gebracht. Er sagte: „Nick, weißt du, wie man am besten einen Elefanten isst? Einen Happen nach dem anderen." Wenn du das nächste Mal vor einem schier unüberwindbaren Berg stehst, denk daran!

39 Ein kräftiges Leuchtfeuer

Ihr seid das Licht, das die Welt erhellt. Eine Stadt, die hoch auf dem Berg liegt, kann nicht verborgen bleiben. Man zündet ja auch keine Öllampe an und stellt sie unter einen Eimer. Im Gegenteil: Man stellt sie so auf, dass sie allen im Haus Licht gibt. Genauso soll euer Licht vor allen Menschen leuchten. Sie werden eure guten Taten sehen und euren Vater im Himmel dafür loben.

Matthäus 5,14-16

Auch wenn wir Gott nicht immer treu sind: Er ist es! Ich hatte während meiner Krise versäumt, jeden Tag bewusst nach meinen Überzeugungen zu leben. Also habe ich mir für die Zukunft vorgenommen: Ich will nicht einfach immer nur beten, sondern mich umsichtig, geduldig, mutig und selbstsicher vorankämpfen, immer mit dem Wissen im Hinterkopf, dass Gott mächtig ist, wo ich schwach bin.

Der Glaube, egal ob nun an dich selbst und deine Fähigkeiten oder an deinen Schöpfer, ist wie ein kräftiges Leuchtfeuer: Es muss entfacht sein, um zu leuchten. Wenn man es vernachlässigt, glimmt es nur noch vor sich hin.

Manchmal hat man das Gefühl, der Glaube ist noch da, aber man sieht ihn nicht. Deswegen habe ich beschlossen, meinen wie ein Leuchtfeuer scheinen zu lassen. Anders ausgedrückt:

Mein Glaube war damals wie ein Auto im Leerlauf. Es gab ihn zwar noch, aber es war kein Gang eingelegt. An sich selbst zu glauben ist sehr wichtig, aber man braucht genauso Geduld, Demut und die Weisheit, nicht alles allein zu schaffen. Ich ermahne mich oft: Das Gelingen schenkt am Ende Gott.

Was einen am schnellsten das Genick bricht, ist, ohne Ziel vor sich hin zu leben oder das aus den Augen zu verlieren, wofür man brennt und was das Leben lebenswert macht. Stück für Stück war meine Leidenschaft, Menschen zu ermutigen, in den Hintergrund geraten. Ich war viel zu beschäftigt, meine Firma und meine Stiftung voranzubringen. Als ich dann von meiner wahren Bestimmung abwich, war es, als hätte jemand den Stecker gezogen.

Wenn du merkst, dass dir die Energie fehlt und dir alles über den Kopf wächst, dann solltest du dir die folgenden Fragen stellen: *Was ist mir am wichtigsten? Was macht mir am meisten Spaß? Was treibt mich an und gibt meinem Leben Sinn? Und wie komme ich da wieder hin?*

Ich glaube, wir sind nicht nur dazu da, unsere eigenen Interessen zu verfolgen. Wer nur sich selbst im Blick hat, verschenkt eine der größten Kraftquellen. Unsere Fähigkeiten sollen anderen zugutekommen. Wer sie so einsetzt, kann auf dieser Welt bleibenden Eindruck hinterlassen.

Dein Leben ohne Limits

Gott liebt dich nicht, weil du erfolgreich bist oder ein tolles Schulzeugnis hast. Er liebt dich nicht, weil du irgendetwas besser kannst als andere. Er liebt dich, weil er dich geschaffen hat. Einfach weil du du bist!

40 Der eigenen Bestimmung folgen

Verlass dich auf den Herrn und tue Gutes! Bleibe in Israel, dem verheißenen Land, und halte dich immer an die Wahrheit! Freue dich über den Herrn; er wird dir alles geben, was du dir von Herzen wünschst. Vertrau dich dem Herrn an und sorge dich nicht um deine Zukunft! Überlass sie Gott, er wird es richtig machen. Dass du ihm treu bist, wird dann keiner mehr leugnen können; dass du recht hast, wird für jeden sichtbar sein.

Psalm 37,3-6

Als ich noch jung war und meine Eltern über meine Zukunft nachdachten, schlug mein Vater, der Buchhalter, vor, ich solle doch in seine Fußstapfen treten. „Erstens kannst du mit Zahlen umgehen, und zweitens kannst du dir Leute anstellen, die deine Arme und Beine sind", sagte Dad.

Zahlen und Fakten sind mein Ding. Ich kann zwar nichts an den Fingern oder Zehen abzählen, aber dank meines kleinen Fußes und moderner Technologie gehorchen mir Taschenrechner und Computer. Im College hielt ich mich also an den Plan meiner Eltern und machte einen Bachelor in Rechnungswesen und Finanzplanung. Der Gedanke, anderen Menschen gute finanzielle Entscheidungen zu ermöglichen, an ihrem Vermögen zu bauen und Strategien für sinnvollen Lebensunterhalt zu entwickeln, erschien mir reizvoll. Mit Aktien zu handeln brachte mir genauso Spaß. An der Börse machte ich so einige gute und schlechte eigene Erfahrungen.

Als Finanzberater zu arbeiten schien mir ein guter Weg, anderen zu helfen und gleichzeitig für mein Auskommen zu sorgen – und hoffentlich eines Tages meine Familie zu ernähren. Aber irgendwie konnte ich mich für diesen Plan nie so richtig begeistern. Ich hatte immer das Gefühl, dass da noch etwas anderes auf mich wartet. In der Schule hatte ich angefangen, vor meinen Mitschülern kurze Vorträge über mein Leben zu halten. Und sie reagierten positiv auf das, was ich sagte. Irgendwie schien ich einen Nerv bei ihnen zu treffen, und damit war bei mir das Feuer entfacht.

Im Lauf der Zeit gewöhnte ich mir an, auch offener über meinen Glauben zu sprechen. Meine Zuhörer zu motivieren, wurde meine große Leidenschaft. Ich möchte gern anderen helfen, und das kann ich eben am besten tun, indem ich offen darüber rede, wie beschenkt und gesegnet ich eigentlich bin und wie viel Gutes aus meiner Behinderung schon entstanden ist. Diese Erkenntnis hat mein Leben sinnvoll gemacht, und ich glaube, Gott hat mir diesen Weg geebnet.

Ich betrachte das als ein großes Geschenk. Viele wissen nicht, wohin mit ihrem Leben. Schnell sind sie dabei, ihren Wert infrage zu stellen, weil ihnen nicht klar ist, wo sie etwas bewegen oder ein Zeichen setzen können. Mag sein, dass du deine Talente und Interessen noch nicht genau kennst. Es ist ganz normal, ein bisschen herumzuprobieren, bevor man weiß, welchen Weg man im Leben einschlagen möchte. Und mehrmals die Richtung zu ändern, gehört mittlerweile auch schon fast dazu.

Trau dich, dir selbst auf den Zahn zu fühlen. Was erfüllt dich und bringt deine Talente und Energie zum Einsatz? Folge diesem Weg, nicht aus egoistischen Gründen oder um reich und berühmt zu werden, sondern weil du etwas aus deinem Leben und die Welt ein Stückchen besser machen willst. Hab Geduld, wenn du nicht sofort weißt, wohin.

Dein Leben ohne Limits

Solange du für die richtige Sache Feuer in dir trägst, wird es nicht verglühen. Denk aber dran, dass es auch mit Risiken behaftet sein kann, deiner Leidenschaft zu folgen. Und falls du irgendwann die Begeisterung für eine Sache doch verlieren solltest, sei nicht traurig: Wahrscheinlich wartet etwas noch Größeres auf dich.

41 Ohne Plan B

Ich muss die Aufgaben, die Gott mir gegeben hat,
erfüllen, solange es Tag ist. Bald kommt die Nacht,
in der niemand mehr etwas tun kann.

Johannes 9,4

Victor Marx ist ein Kampfkunstexperte mit einem schwarzen
Gürtel siebten Grades in Keichu-Do, einer Selbstverteidigungs-
art mit Elementen des Jiu-Jitsu, Karate, Judo, Kung-Fu und
des Straßenkampfs. Er hat schon über dreißig Weltmeister im
Kampfsport trainiert, außerdem die amerikanischen Spezial-
einheiten Navy SEALs, die Army Rangers und Delta Force.

Wenn man ihn so sieht, würde man nie für möglich halten,
dass er sich früher als minderwertig betrachtete. Er meinte einmal zu mir, wir hätten viel gemeinsam. Nur: *Meine* Herausforderungen würde man mir sofort ansehen, während *seine*
unsichtbar seien, tief in ihm verborgen.

Als Kind hat Victor seinen Vater überhaupt nicht gekannt.
Er war in Drogengeschäfte und Zuhälterei verwickelt, und so
hielt Victor seinen Stiefvater für seinen echten Vater. Seine
Mutter heiratete sechs Mal und ließ sich wieder scheiden. Victor und seine Geschwister wuchsen in gestörten Verhältnissen
auf.

In seiner Kindheit erlitt Victor schreckliche Dinge. Ein
Stiefvater quälte ihn, drückte seinen Kopf unter Wasser und

hielt ihm eine Pistole an den Kopf. Im Alter zwischen drei und sieben Jahren wurde er körperlich und sexuell missbraucht. Einmal verging man sich an ihm, sperrte ihn in eine Kühltruhe und schloss diese ab.

Man hatte ihm so viel Schlimmes zugefügt, dass er den Schmerz nicht allein verarbeiten konnte. Also machte er eine Therapie. Die Therapeuten erklärten ihm, dass die wiederkehrenden Erinnerungsfetzen, aber auch das nervöse Muskelzucken und sein leichtes Tourette-Syndrom auf seine posttraumatische Belastungsstörung (PTBS) zurückgingen, die bei vielen Opfern von Kindesmissbrauch auftrete. Ein Psychiater bescheinigte ihm, dass sein Gehirn durch die Horrortaten wie verschlüsselt sei und Gedanken nicht auf normale Weise verarbeite.

Neben der Behandlung der PTBS half Victor aber auch sein Glaube, um die furchtbaren Erinnerungen und das davon ausgelöste Trauma zu verarbeiten. Im Lauf der Zeit erzählte er seine Kindheitsgeschichte immer öfter in der Öffentlichkeit. Er fand vor allem unter schwierigen Jugendlichen, jugendlichen Straftätern, Gangmitgliedern, Insassen von Jugendgefängnissen, Pflegekindern und Patienten von Drogenentzugskliniken aufmerksame Zuhörer.

„Ich habe in meinem Leben mit so viel Ablehnung kämpfen müssen, dass mir erst überhaupt nicht klar war, dass meine Geschichte erzählenswert ist. Und selbst wenn, wieso hätte ich sie erzählen sollen?" Erst allmählich begriff er, dass er einen so guten Draht zu Risikojugendlichen hatte, weil ein Großteil von ihnen selbst in kaputten Familien aufgewachsen war.

Zu Victors Überraschung bekam er auch von vielen Kirchen Anfragen, die seine Lebensgeschichte hören wollten. Victors Bericht ist ein lebendiges Zeugnis dafür, wie man eine tragische Kindheit hinter sich lassen und mit der richtigen Leidenschaft für junge Leute etwas Großes bewirken kann.

Kaum hatte Victor angefangen, seine Geschichte in der Öffentlichkeit zu erzählen, konnte er sich vor Anfragen nicht mehr retten. Zu seiner großen Überraschung erhielt er sogar ungefragt Spenden. Gemeinsam mit seiner Frau gründete er 2003 eine gemeinnützige Organisation, *All Things Possible (Alles ist möglich)*. Zwei Jahre später flatterte ihnen ein Scheck über 250 000 Dollar ins Haus. Ein Ehepaar hatte von ihrer Arbeit gehört und wollte sie gern unterstützen.

„Erst hatten wir ja Angst, dass man von so etwas niemals leben könnte. Aber seitdem wir uns ohne Plan B dahintergeklemmt haben, belohnt Gott unser Vertrauen."

Dein Leben ohne Limits

Es gibt unzählige Möglichkeiten, seiner Leidenschaft zu folgen. Dein einzigartiges Paket aus Talenten, erworbenem Wissen und Erfahrung mag für die Wirtschaft, für den Dienst an der Öffentlichkeit, die Kunst, die Verbreitung von Gottes Wort oder etwas ganz anderes geeignet sein. Das Wichtigste ist herauszufinden, was in dir steckt, und in dieser Richtung kreativ zu werden – auch wenn du nicht bis ins Letzte verstehst, wohin dich das führen wird.

42 Was Gott bestellt, bezahlt er auch!

Ich wünsche euch nun von Herzen, dass Gott selbst euch hilft, das Gute zu tun und seinen Willen zu erfüllen. Er ist es ja, der uns seinen Frieden schenkt. Er hat unseren Herrn Jesus Christus von den Toten auferweckt. Ihn, durch dessen Blut der neue und ewig gültige Bund geschlossen wurde, ihn hat er zum wahren Hirten seiner Herde gemacht. Jesus Christus wird euch die Kraft geben, das zu tun, was Gott gefällt. Ihn wollen wir bis in alle Ewigkeit loben und ehren. Amen.

Hebräer 13,20+21

Du bist auf der richtigen Fährte, wenn deine Fähigkeiten, dein Wissen, deine Energie, Ausrichtung und Hingabe derart zusammenspielen, dass du bei deiner Beschäftigung so aufgeregt bist wie ein Kind, wenn es zu seinem Lieblingsspielzeug greift. Arbeit und Vergnügen werden eins. Was du tust, wird ein Teil deiner Identität.

Deine Leidenschaften sind wie ein Kompass zu deiner Bestimmung. Hab Vertrauen in deine Fähigkeiten, und schenk sie der Welt! Du bist nämlich genauso wie ich für deine Bestimmung maßgefertigt. Alles an dir – deine mentalen, körperlichen und seelischen Fähigkeiten, deine Talente, deine Erfahrung – ist genau dafür abgestimmt, dein Ziel zu erreichen.

Wenn du noch nicht herausgefunden hast, wofür Gott dich gebrauchen kann, stell dir die folgenden Fragen: Was treibt dich an? Was findest du jeden Tag wieder neu aufregend? Was würdest du zur Not auch ohne Bezahlung tun, Hauptsache, man lässt dich? Was würdest du am liebsten bis zum Lebensende machen? Wofür würdest du alles aufgeben – Geld, Luxus und alle Annehmlichkeiten des Lebens –, weil es dir so guttut? Wovon bist du der Meinung, dass es dringend mal jemand anpacken müsste?

Mit diesen Fragen kannst du aus dir herauskitzeln, wofür du Feuer und Flamme bist. Und wenn das nicht hilft, frag die Menschen in deiner Umgebung.

Bevor du dich für dein Steckenpferd entscheidest, frag einmal an allerhöchster Stelle nach. Halte dich fest an Gottes Liebe, und mach ihn zu deinem Freund. Bitte um seine Führung, und nimm dir Zeit für sein Wort. Lass andere für dich beten.

Es ist so: Wenn Gott etwas bestellt, dann bezahlt er es auch. Er würde dir nie etwas auftragen, ohne dich nicht auch mit allem auszustatten, was man dafür braucht. Manchmal weiß man natürlich nicht gleich, was man eigentlich soll. Oder man ist der Meinung, dazu fehle einem die nötige Leidenschaft. Mein Vater hatte einmal den Eindruck, er solle eine neue Kirchengemeinde gründen. Aber er hatte daran überhaupt kein Interesse. Trotzdem hörte er auf sein Gefühl und machte sich an die Arbeit, was ihm anfangs ziemlich schwerfiel. Als Gott Noah auftrug, eine riesige Arche zu bauen, hatte er garantiert auch starke Zweifel, aber er sagte kein Wort. Er baute einfach das Schiff. Letzten Endes stellte es sich als sehr weise heraus, dieser Aufforderung gefolgt zu sein.

Dein Leben ohne Limits

Ich bin keineswegs immer sofort begeistert, wenn Gott etwas von mir will. Aber ich bin begeistert von ihm, und deswegen tue ich (meistens), was er mir sagt.

43 Selbstloser Dienst

In der Vollmacht, die mir Gott als Apostel gegeben hat, warne ich euch: Überschätzt euch nicht, sondern bleibt bescheiden. Keiner von euch soll sich etwas anmaßen, was über die Kraft des Glaubens hinausgeht, die Gott ihm geschenkt hat. Unser Körper besteht aus vielen Teilen, die ganz unterschiedliche Aufgaben haben. Ebenso ist es mit uns Christen. Gemeinsam bilden wir alle den Leib Christi, und jeder Einzelne ist auf die anderen angewiesen.

Römer 12,3-5

Jeder kann gute Samen säen. Egal wo und unter welchen Umständen man lebt. Ob du nun Freiwilliger bei einer Hilfsaktion bist, Präsidentin eines Landes oder ein Herz hast für Obdachlose, deine guten Taten werden vervielfacht, weil sie viele Menschenleben berühren.

Alle Leiter mit sozialer Ader, die ich kenne, haben eine gewisse Lebenseinstellung und bestimmte Eigenschaften gemeinsam. Ich finde, es lohnt sich, diese zu übernehmen und auch auszubilden. Zuallererst erlebe ich sie als unglaublich demütig und selbstlos. Viele von ihnen widmen ihr ganzes Leben dem Dienst am andern, und dabei ist es ihnen egal, ob sie dafür Anerkennung bekommen oder nicht. Anstatt unbedingt auf die Bühne zu wollen, arbeiten sie lieber im Hintergrund, motivieren ihre Helfer und stehen für die ein, denen sie helfen wollen. Sie loben lieber andere, als selbst gelobt zu werden.

Dienende Leiter zeigen auch Mitgefühl. Sie hören zu, weil sie echte Bedürfnisse stillen wollen, und sie beobachten und fühlen mit, um unausgesprochene Nöte wahrzunehmen. Normalerweise müssen die Leute gar nicht zu ihnen kommen und um Hilfe bitten, weil sie längst herausgefunden haben, wo der Schuh klemmt. Leiter mit dem „Dienstgen" arbeiten mit diesen Fragen im Hinterkopf: *Wenn ich an seiner/ihrer Stelle wäre, was würde mir helfen? Was würde mich aufbauen? Und was müsste passieren, damit ich wieder auf die Beine komme?*

Außerdem packen dienende Leiter einfach an. Andere wälzen Probleme – *sie* schaffen Lösungen. Ich bin mir sicher, dass schon viele Leute über das Leid und die Krankheiten in Entwicklungsländern nachgedacht haben und auf immense Probleme gestoßen sind. Wie soll man es schaffen, in diesen abgelegenen und bettelarmen Gegenden genügend Krankenhäuser zu bauen? Don und Deyon Stephens sahen über das Problem hinaus und überlegten sich eine geniale Lösung: ausgediente Kreuzfahrtschiffe in schwimmende Krankenhäuser zu verwandeln und sie mit Freiwilligen auszurüsten, damit man dorthin fahren kann, wo Not herrscht. So entstand die *Mercy Ships*-Flotte.

Dienende Leiter sind nicht an kurzfristigen Lösungen interessiert. Sie säen Samen, die nachhaltige, langfristige und immer weiter um sich greifende Auswirkungen haben. Wenn sie gute Samen säen, bauen dienende Leiter darauf auf und pflegen die zarten Pflänzchen selbst oder finden jemanden, der bei ihrem Projekt einsteigt und es übernimmt.

Zu guter Letzt: Dienende Leiter sind Brückenbauer. Sie stellen eigene Interessen hinten an, um mit der gemeinsamen Kraft von vielen etwas zu bewirken. Während manche Leiter nur nach dem Prinzip „Teile und herrsche" arbeiten, versammeln dienende Leiter Leute um sich, die alle dasselbe Ziel verfolgen. Ihre Erfahrung ist: Wenn man Ziele und Erfolge miteinander teilt, gibt es kein Gerangel um Belohnungen, sondern geteilte Freude ist doppelte Freude.

Dein Leben ohne Limits

Wenn du anderen dienst, wirst du innerlich gesund. Trau dich, und fang an, gute Samen zu säen! Nicht zuletzt wird es dein eigenes Leben sein, in dem etwas wächst.

44 Anderen helfen

Und noch etwas möchte ich euch sagen: Haltet fest
zusammen! Nehmt Anteil am Leben des anderen,
und liebt einander wie Geschwister! Geht barm-
herzig miteinander um, und seid nicht überheb-
lich. Vergeltet nicht Böses mit Bösem, bleibt freund-
lich, auch wenn man euch beleidigt, und bittet
Gott um seinen Segen für den anderen. Denn ihr
wisst ja, dass Gott auch euch dazu berufen hat,
seinen Segen zu empfangen.

1. Petrus 3,8+9

Leon Birdd fuhr 1995 gerade durch das Umland von Dallas, als
er einen Mann im besten Alter sah, dem das Laufen erhebliche
Schwierigkeiten zu bereiten schien. Zuerst dachte er nicht daran, den Mann mitzunehmen, der auch noch einen ziemlich
betrunkenen Eindruck machte. Aber nachdem er an ihm vor-
beigefahren war, ließ es ihm keine Ruhe. Ohne großartig
nachzudenken, wendete er und fuhr zurück.

„Alles in Ordnung?", fragte er. „Kommen Sie, ich nehme Sie
mit."

„Ich bin nicht betrunken", gab der Mann schroff zurück.

Wie sich herausstellte, hatte der Mann, der Robert Shumake
hieß, nicht gelogen. Er konnte nicht gut laufen, weil er sich
bereits mehreren Gehirnoperationen hatte unterziehen müs-

sen. Seine Mobilität war dadurch sehr eingeschränkt – ganz im Gegenteil zu seiner Entschlossenheit, Menschen in Not zu helfen. Aus Gründen, die er Leon nie verriet, machte sich der schroffe Robert seit mehreren Jahren jeden Samstagmorgen mit Donuts und Kaffee für die Obdachlosen in die Innenstadt von Dallas auf.

„Wie schaffen Sie das, wenn Sie kaum laufen können?", fragte Leon.

„Die Leute helfen mir. Und jetzt werden *Sie* mir helfen."

„Vergessen Sie's. Um wie viel Uhr fangen Sie überhaupt an?", wollte Leon wissen.

„Fünf Uhr dreißig."

„Ich werde Sie bestimmt nicht fahren, schon gar nicht um diese Zeit", sagte Leon. „Da schläft ja selbst der Herrgott noch."

Aber Robert ließ nicht locker. Er erklärte Leon, wo er ihn aufsammeln sollte.

„Sie werden da sein", sagte er.

„Wenn Sie sich da mal nicht täuschen", erwiderte Leon.

Am nächsten Samstag wurde Leon um fünf Uhr morgens wach. Stand Robert jetzt allein an der Straßenecke und wartete auf ihn? Der Treffpunkt war in keiner schönen Gegend der Stadt, also fürchtete Leon auch um Roberts Sicherheit. Und wieder war da dieses innere Drängen.

Die Sonne war noch nicht aufgegangen, aber Robert stand schon am Straßenrand und hatte mehr als fünfzehn Liter Kaffee in riesigen Thermoskannen dabei. Er bat Leon, ihn zu einem Donutbäcker zu fahren, wo sie sich mit dem süßen Gebäck eindeckten. Dann fuhren sie weiter in die Innenstadt. Die Straßen waren wie leer gefegt.

„Warten Sie's ab", meinte Robert, als er Leons zweifelnden Blick bemerkte.

Mit den großen Thermoskannen voll heißem Kaffee setzten sie sich an den Straßenrand und warteten. Als die Sonne aufging, tauchten Obdachlose auf, einer nach dem anderen. Fast fünfzig Menschen versammelten sich um Roberts Kaffee und Donuts. Obwohl Robert nicht gerade freundlich mit den Obdachlosen umsprang, waren sie doch dankbar für das warme Getränk und das Gebäck. Leon war ein paar Jahre zuvor gläubig geworden. Er merkte, dass Robert hier gute Samen aussäte und dringend Hilfe brauchte. Also fing er an, ihm jeden Samstagmorgen zu helfen. Leider verschlechterte sich Roberts Gesundheitszustand in den folgenden Monaten.

„Robert, was passiert denn, wenn Sie das hier nicht mehr machen können?", fragte Leon eines Tages beim Zusammenpacken.

„Dann machen Sie weiter", antwortete Robert.

„Nein, da müssen Sie jemand anderen finden", beharrte Leon.

„Sie werden weitermachen", meinte Robert nur.

Und er behielt recht. Aus Leon Birdd wurde Pastor Birdd, ein ordinierter Prediger mit einer Stadtmission, die von neun Gemeinden und anderen Spendern unterstützt wird. Robert starb 2009, aber die gute Saat, die er ausbrachte, wird heute von Pastor Birdd und seiner Frau Jennifer gepflegt. Aus den Begegnungen am Straßenrand mit Kaffee und Donuts sind ausgewachsene und fröhliche Freiluftgottesdienste geworden. Heute versammeln sich an jedem Sonntagmorgen mehr als fünfzig Freiwillige, um mit Pastor Birdd Leib und Seele der Hunderten von Obdachlosen in Dallas zu versorgen.

Dein Leben ohne Limits

Alle Menschen brauchen Liebe und Zuwendung, selbst wenn es nur ein nettes Wort, ein Lächeln oder ein Becher Kaffee mit einem Donut ist.

45   Von Vorbildern lernen

Dabei ist mir klar, dass ich dies alles noch lange nicht erreicht habe, dass ich noch nicht am Ziel bin. Doch ich setze alles daran, das Ziel zu erreichen, damit der Siegespreis einmal mir gehört, wie ich jetzt schon zu Jesus Christus gehöre. Wie gesagt, meine lieben Brüder und Schwestern, ich weiß genau: Noch habe ich den Preis nicht in der Hand. Aber eins steht fest: Ich will alles vergessen, was hinter mir liegt, und schaue nur noch auf das Ziel vor mir. Mit aller Kraft laufe ich darauf zu, um den Siegespreis zu gewinnen, das Leben in Gottes Herrlichkeit. Denn dazu hat uns Gott durch Jesus Christus berufen. Wir alle, die wir auf dem Weg zum Ziel sind, wollen uns so verhalten. Wenn ihr in dem einen oder anderen Punkt nicht meiner Meinung seid, wird Gott euch noch Klarheit und Einsicht schenken. Doch an dem, was ihr schon erreicht habt, müsst ihr auf jeden Fall festhalten. Bleibt nicht auf halbem Wege stehen!

Philipper 3,12-16

Eines meiner Vorbilder, das ich schon immer einmal persönlich treffen wollte, ist der Evangelist Billy Graham. 2011 lud mich seine Tochter Anne Graham Lotz in sein Haus in den

Bergen von North Carolina ein. Meine Frau Kanae und ich waren aufgeregt und begeistert.

In letzter Zeit kann er wegen gesundheitlicher Beschwerden nicht mehr so häufig auftreten wie früher, aber er ist nach wie vor eine international beachtete Größe. Anne war an diesem Tag auch dabei und hatte uns schon vorgewarnt, dass ihr Vater gerade eine Lungenentzündung und andere gesundheitliche Probleme überstanden hatte. Er würde schnell müde werden, sagte sie. Aber obwohl er noch nicht ganz bei Kräften war, klang seine Stimme fest. Sie ist mir sehr vertraut, weil ich ihn schon so oft habe reden hören.

„Als Anne mir erzählte, dass Sie kommen, habe ich mich sehr gefreut. Ich habe schon von Ihnen gehört", sagte er. „Heute Morgen um drei hat mich der Herr geweckt, damit ich für Sie bete."

Pastor Graham sagte, er sähe mich als Vertreter der neuen Generation und als Erbe seines Schaffens, und deswegen wolle er mich mit einigen Worten der Ermutigung auf meine Aufgabe vorbereiten. Die Zeit, in der wir lebten, sei spannend, meinte er, aber egal welcher Wind uns entgegenschlüge, als Verkündiger hätten wir eine große Aufgabe: die gute Nachricht von Jesus zu verbreiten.

Es war ein sehr aufregendes Treffen für mich. Ich hatte das Gefühl, mit einer Person aus dem Alten Testament zu reden, etwa mit Mose oder Abraham. Billy Graham ist einfach schon so lange eine der Schlüsselfiguren für mein geistliches Leben!

Am tiefsten berührte mich aber seine Menschlichkeit. Er dachte mit uns ganz offen über sein Leben nach und knabberte derweil ein paar Schokokekse. Seine Frau Ruth, die 2007 verstarb, vermisse er sehr, verriet er uns. Wenn er etwas in sei-

nem Leben bereue, dann höchstens, nicht genügend Bibelverse auswendig gelernt zu haben und Jesus nicht oft genug
gesagt zu haben, wie viel er ihm bedeute.

Ich wette, Billy Graham hat schon mehr Bibelverse vergessen als der Rest von uns je aufsagen konnte, und seiner Liebe
zu Gott verleiht er bestimmt mehr Ausdruck als die meisten
von uns. Und trotzdem wünschte sich dieser legendäre Prediger nicht nur mehr Zeit mit der Familie verbracht, sondern
noch mehr für Gott getan zu haben.

Dein Leben ohne Limits

Steckst du so tief im Alltag, dass du deine Beziehungen, dein
geistliches Wachstum oder deine Gesundheit vernachlässigst?

46 Gleichgewicht finden

*Glücklich sind die Menschen, denen man nichts
Böses nachsagen kann, die sich nach Gottes Gesetz
richten. Glücklich sind alle, die sich an seine Wei-
sungen halten und ihm von ganzem Herzen dienen. Sie tun kein Unrecht, denn sie leben nach
seinem Willen. Was du, Herr, angeordnet hast, soll
jeder genau beachten. Ich wünsche mir noch mehr
Beständigkeit, damit ich mich an deine Ordnun-
gen halten kann. Deine Gebote verliere ich nicht
mehr aus den Augen. Darum brauche ich mich
nicht zu schämen, sondern kann dich mit aufrich-
tigem Herzen loben. Deine guten Gesetze lerne ich
immer besser kennen; ich will mich an deine Ord-
nungen halten, hilf mir dabei und lass mich nicht
im Stich!*

Psalm 119,1-8

Zu hören, wie Billy Graham über sein langes und erfolgreiches
Leben als Evangelist nachdenkt, brachte mich darauf, selbst
einmal innezuhalten. Worauf möchte ich zurückblicken, wenn
ich einmal so alt bin wie er?

Wir dürfen nicht mit der Erwartung leben, dass das Glück
eines Tages kommt, wenn wir irgendein Ziel erreicht oder
irgendetwas Bestimmtes angeschafft haben. Glück ist in je-

dem Moment verfügbar. Der Schlüssel dazu ist ein Leben, das mental, emotional, körperlich und geistlich im Gleichgewicht ist.

Ein Weg, deine Balance zu finden, ist, dir den letzten Abschnitt deines Lebens vorzustellen und dann so zu leben, dass du nichts bereuen musst, wenn du dort einmal hinkommst. Überleg dir möglichst genau, was du im Alter für ein Mensch sein willst und auf welches Lebenswerk du zurückblicken möchtest, damit jeder Schritt deiner Reise dich näher an dein Ziel bringt.

Ich glaube, dass man sich tatsächlich sein Leben erträumen und es dann Minute für Minute, Stunde für Stunde und Tag für Tag zur Realität machen kann. Manche raten ja dazu, sich seine eigene Beerdigung vorzustellen und zu überlegen, was die Familienmitglieder und Freunde über einen sagen sollen. Mag sein, dass das für dich funktioniert – ich denke jedenfalls nicht so gern daran, meine Lieben zurückzulassen.

Stattdessen versetze ich mich in Billy Grahams Lage, als wir uns in seinem Haus in den Bergen trafen. Dort saß der große alte Mann, schaute auf ein ungewöhnliches und erfülltes Leben zurück und bereute doch so manches. Vielleicht ist das unausweichlich. Wer lebt schon das perfekte Leben? Aber einen Versuch ist es wert, oder nicht?

Dein Leben ohne Limits

Am liebsten würde ich am Ende meines Lebens nichts bereuen müssen. Wahrscheinlich wird das nicht klappen, aber ich gebe mein Bestes. Ich habe meinen Lebenstacho jetzt auf „Gleichgewicht" gestellt. Wenn du wie ich der Meinung bist, dass man ab und zu eine Pause einlegen und darüber nachdenken sollte, wo man herkommt, wo man gerade ist und wo man hinwill, dann nimm dir doch jetzt die Zeit dafür.

47 „Mach du, Gott!"

*Fürchte dich nicht, denn ich bin bei dir; hab keine
Angst, denn ich bin dein Gott! Ich mache dich
stark, ich helfe dir, mit meiner siegreichen Hand
beschütze ich dich!*

Jesaja 41,10

Ich wurde schon so oft gefragt, wie ich ein unverschämt gutes
Leben führen kann, wenn mir doch Arme und Beine fehlen.
Die Leute gehen davon aus, dass ich darunter leide, was ich
alles nicht habe. Sie sehen meinen Körper und fragen sich, wie
ich mein Leben einem Gott übergeben konnte, der mich ohne
Gliedmaßen auf die Welt kommen ließ. Andere haben versucht mich zu trösten: Gott habe alle Antworten, und im
Himmel werde ich eines Tages seine Gründe erfahren. Ich
habe mich stattdessen entschlossen, einfach auf das zu vertrau-
en, was in der Bibel steht: Gott selbst ist die Antwort – heute,
gestern und morgen.

Leute wollen mir oft dazu gratulieren, dass ich meine Behinderung „besiegt" habe. Ich sage ihnen dann, dass mein Sieg
nur durchs Aufgeben kam. Das wiederholt sich jeden Tag,
wenn ich mir eingestehe, dass ich es allein nicht schaffe. Deswegen sage ich: „Mach du, Gott." Als ich das konnte – loslassen –, machte Gott aus meinem Schmerz etwas Gutes, und
heute habe ich echte Lebensfreude.

Was war dieses Gute? Für mich war es, ein Ziel und einen Lebenssinn zu haben. Mein Leben bedeutet etwas. Bisher war ich daran gescheitert, einen Sinn darin zu sehen. Also ließ ich los, und Gott sprang ein. Er gab meinem Leben Bedeutung, als nichts und niemand sonst es konnte.

Ich bin behindert, aber Gott ist es sicher nicht. Er macht Unmögliches möglich. Wo ich schwach bin, ist er stark. Wo ich an Grenzen stoße, sprengt er sie. Mein Leben ohne Limits ist das Ergebnis davon, dass ich ihm meine Träume, Pläne und Wünsche übergeben habe. Ich habe nicht aufgegeben, sondern losgelassen. Sein Plan für mich ist mir wichtiger als mein eigener.

Wenn dir das Leben immer wieder neue Hindernisse in den Weg stellt, halte dich an Gottes Zusagen fest und bete: „Wenn du willst, dass ich diesen Traum verwirkliche, dann musst du mir auch helfen." Alles in allem würde ich es so sagen: Der Weg zur vollen Entfaltung deines Potenzials führt über Gott. Gib dein Bestes, und dann überlasse ihm das Ergebnis. Im Laufe der Zeit fügt sich das Puzzle zusammen. „Gott ist weise, stark und mächtig!" (Hiob 9,4), steht in der Bibel, und das kann ich nur bestätigen.

Dein Leben ohne Limits

Vielleicht bist du drauf und dran, etwas zu wagen, aber dich lähmt die Angst, dass du es nicht schaffen könntest. Versuch doch einmal, es an Gott abzugeben. Was kostet es dich, ihm zu vertrauen? Was wäre dein Leben, wenn du es nicht tätest? Du wirst sehen, er wird dir Freude und Zufriedenheit schenken. Er möchte deinem Leben neuen Sinn verleihen. Und wenn dir der Mut fehlt, diesen Schritt zu wagen – auch den kann er dir geben.

48 Loslassen

Der Herr hat mir Kraft gegeben und mich froh ge-
macht; nun kann ich wieder singen. Er hat mich
gerettet! Er ist mein Gott, ihn will ich preisen! Er
ist der Gott meines Vaters, ihn allein will ich ehren.

2. Mose 15,2

Wir Menschen neigen ja dazu, immer gleich alle Antworten haben zu wollen. Aber Gott hat nun mal seinen eigenen Zeitplan. Solange ich ihm vertraue und nicht zumache, offenbart er mir seine Pläne, wenn ich dafür bereit bin. Ein Kind ohne Arme und Beine zu sein war für mich ein riesiges Rätsel, das sich erst ganz allmählich lüftete. Ich habe ja schon einmal erzählt, dass der Vers in Johannes 9,3, in dem es um den von Geburt an blinden Mann geht, für mich ein Schlüsseltext war. Jesus tut ein Wunder, heilt ihn und erklärt, dass an ihm Gottes Herrlichkeit gezeigt werden soll. Dieser kurze Text half mir zu verstehen, dass auch mein Leben nicht sinnlos war. Vielleicht wollte Gott mich ohne Arme und Beine, damit ich sein Sprachrohr sein kann?

Ganz allmählich entdeckte ich, wie Gott arbeitet und welche Möglichkeiten mir offenstanden. Genauso behutsam fing Gott an, mich einzusetzen und mir die Augen für meinen Weg zu öffnen.

Wenn man sein Leben komplett in Gottes Hände legt und

loslässt, dann wird das meiner persönlichen Erfahrung nach noch auf eine andere Weise belohnt: mit Gottes Kraft. Seit meinem achtzehnten Lebensjahr reise ich um die Welt und besuche dabei nicht selten mehr als zwanzig verschiedene Länder pro Jahr. Und ich fliege nicht in Privatjets. Meine Reisen führen mich oft an gefährliche, schwer erreichbare Orte, die wegen verbreiteter Krankheiten, unsauberen Wassers und fehlender medizinischer Infrastruktur nicht risikofrei sind. Und trotzdem bin ich bisher gesund geblieben und habe Kraft gefunden, zu den Menschen zu sprechen.

Inzwischen habe ich begriffen, dass Loslassen eine Kraftquelle sein kann.

Oft denken wir, wir steuern unser Leben und haben alles unter Kontrolle. Aber wenn man sein Leben Gott übergibt, merkt man, dass er jede Minute des Tages in der Hand hält. Nicht selten durchkreuzt er zwar meine sorgfältig ausgeklügelten Pläne, aber am Ende kann ich über seine Wege nur staunen. Sie sind einfach brillant. Manchmal stelle ich mir vor, wie es als Jünger an Jesu Seite gewesen sein muss, der mit göttlicher Kraft Unglaubliches vollbracht hat. Ich sehe so richtig seine Nachfolger vor mir, die begeistert zu ihren über das Römische Reich verstreuten Gemeinden zurückkehrten und sagten: „Ihr glaubt nicht, was Gott getan hat!"

Dein Leben ohne Limits

Gottes Kraft wirkt noch heute. Wenn du wie ich die Zügel deines Lebens loslässt und ihm in die Hand gibst, wirst du überrascht sein, was er tut. Du wirst ein aufregendes Leben haben, das kann ich dir versprechen. Ich glaube, dass Jesus uns als seine Werkzeuge für das Gute einsetzen will. Lass seine Liebe ungehindert durch dich hindurchströmen, und stelle dich bewusst für die Bestimmung zur Verfügung, die er für dich ausgesucht hat. Folge dem Rat der Psalmen: „Probiert es aus und erlebt selbst, wie gut der Herr ist!" (Psalm 34,9)

49 Gott liebt dich

Denn Gott hat die Menschen so sehr geliebt, dass er seinen einzigen Sohn für sie hergab. Jeder, der an ihn glaubt, wird nicht zugrunde gehen, sondern das ewige Leben haben.

Gott hat nämlich seinen Sohn nicht zu den Menschen gesandt, um über sie Gericht zu halten, sondern um sie zu retten.

Johannes 3,16+17

Gott sieht in jedem seiner Kinder etwas Wertvolles und Liebenswertes. Wenn du mich fragst, ist seine Liebe der Grund, warum wir überhaupt hier sind. Verletzungen, Einsamkeit und Angst müssen also keine Endstation sein. Jeder von uns wird geliebt! Und wo wir schwach sind, will Gott stark sein. Alles, was du tun musst, ist die Hand ausstrecken und von denen, die dich lieben – und dazu gehört er nun mal –, Hilfe annehmen.

Gott hat einen guten Plan in der Tasche: die Erlösung. Glaub mir, es lohnt sich, dranzubleiben und herauszufinden, was er alles vorbereitet hat.

Leider haben viele Menschen keinen liebenden Gott vor Augen. Wenn überhaupt, dann sehen sie Gott als rachedurstigen Richter, der jeden bestrafen will, der ein Gebot übertritt. Ein Fehler genügt, und man ist seiner Liebe nicht mehr würdig. Aber das stimmt nicht! Gott steht jeden Tag mit offenen Armen bereit und hat nicht Strafe, sondern Vergebung im Sinn.

In der Bibel steht zwar, wir sollen Gott fürchten, aber das heißt nicht, dass wir uns vor ihm ängstlich niederkauern oder vor seiner Rache verstecken müssen. Mit „Furcht" ist Respekt vor seiner Größe gemeint, und dass wir seinen Ratschlägen folgen sollten. Genauso wichtig finde ich den Satz: „Gott ist die Liebe" (1. Johannes 4,8; L). Liebe war der Grund, warum sein Sohn Jesus auf der Erde war und am Kreuz starb. Gott möchte also unseren Respekt, aber wir dürfen zugleich ganz sicher sein, dass er uns liebt.

Aus eigener Erfahrung weiß ich: Gott wartet nur darauf, dich gesund zu machen. Damit meine ich nicht unbedingt körperliche Heilung; er macht auch dein Herz gesund. Du kannst inneren Frieden finden, Freude und Liebe. Er hört deine Gebete. Bleib dran! Wie er darauf reagiert, mag nicht unbedingt damit übereinstimmen, wie du dir das vorgestellt hast, aber seine Gnade ist immer für dich da.

Gott hält es aus, wenn man ihm mit einer Sorge ständig in den Ohren liegt. Und da er uns kennt und weiß, dass wir nicht perfekt sind, hat er Vergebung parat.

Hat dir jemand versucht einzureden, du wärst Gottes Liebe nicht wert? Dann solltest du dir schleunigst eine zweite Meinung einholen. Frag ihn doch mal! Hab ein wenig Geduld, und er wird dich aus der Verzweiflung führen und dir neue Hoffnung schenken.

Dein Leben ohne Limits

Vielleicht fällt es dir schwer zu begreifen, dass Gott dich liebt. Aber es stimmt: Egal, was du getan hast oder welche Verletzungen du erleiden musstest, Gott hat jede Menge Liebe für dich übrig und möchte dich aufbauen. Vertrau ihm. Selbst, wenn sich an deiner Situation nichts ändert, kann er dir trotzdem inneren Frieden und Durchhaltevermögen schenken. Nimm einen Tag nach dem anderen aus seiner Hand, und irgendwann wirst du Licht am Ende des Tunnels sehen.

50 Das größte Wunder

Wenn ich nicht das tue, was mein Vater will,
braucht ihr mir nicht zu glauben. Tue ich es aber,
dann glaubt doch wenigstens diesen Taten, wenn
ihr schon mir nicht glauben wollt! Dann werdet
ihr endlich erkennen und glauben, dass der Vater
in mir ist und ich im Vater bin!

Johannes 10,37+38

Wunder gibt es immer wieder. Ich habe selbst schon welche gesehen, und oft berichten mir andere von ihren Erlebnissen. Von John bekam ich diesen Brief, in dem er von seinem persönlichen Wunder erzählt:

„Ich war kein besonders religiöser Mensch, bis ich vor etwa zehn Jahren dem Tod ins Gesicht sah. Als ich noch klein war, bekam ich Krebs und verlor deswegen ein Bein. Die Ärzte sagten, ich würde wohl nicht älter als fünf werden.

Ich habe sie eines Besseren belehrt. Am 6. Mai werde ich siebenunddreißig! Aber es war nicht immer einfach. Der Krebs kehrt alle paar Jahre zurück, und vergangenes Jahr war es besonders schlimm. Wenn ich mich nicht sofort einer aggressiven Chemotherapie unterziehen würde, meinten die Ärzte, würde ich keine zwölf Monate mehr leben.

Ich machte sofort dicht und sagte, ich hätte das Kämpfen

satt. Lieber wollte ich sterben. Der Krebs hat schon meine Mutter, zwei meiner Schwestern und drei Brüder auf dem Gewissen. Eines Tages wird er mich auch besiegen. Und ich war bereit!

Ich sprach mit unserem Pastor über meine Entscheidung. Nach vielen Gebeten beschloss ich, doch mit der Chemotherapie anzufangen. Zwölf Wochen lang bekam ich zweimal wöchentlich Infusionen. Beim fünften Zyklus machte man ein Blutbild und schickte die Ergebnisse wie immer an meinen behandelnden Arzt. Ein paar Tage später rief er mich an und bat mich zu sich in die Praxis. Als ich dort eintraf, kam er sofort aus dem Behandlungszimmer und hatte Tränen in den Augen. Er meinte, der Krebs sei *weg!* Er war spurlos verschwunden. Als wäre er nie da gewesen. Mein Arzt war überglücklich – aber lange nicht so glücklich wie ich!

Alle drei Monate muss ich zur Nachsorge, aber bisher sieht es gut aus. Eines Tages kann der Krebs natürlich zurückkommen, oder vielleicht werde ich auf dem Heimweg von einem Bus überfahren. Niemand von uns weiß, wann seine Zeit gekommen ist …"

Johns Geschichte und viele andere zeigen mir, dass Wunder durchaus möglich sind. Deswegen habe ich auch ein Paar Schuhe im Schrank – nur für den Fall. Aber bis dahin lege ich die Hände nicht in den Schoß.

Ob Gott mächtig genug ist, dich zu heilen? Hundertprozentig. Vielleicht hat er das sogar geplant, aber vielleicht auch nicht. Wer weiß das schon? Es bleibt uns nur, darauf zu vertrauen, dass Gott am besten weiß, was richtig ist. Mir sind bisher noch nicht auf wundersame Weise Arme und Beine gewachsen. Aber ich habe das Wunder innerer Zufriedenheit, Lebensfreude und Vertrauen erlebt. Das ist mir noch wichtiger als die Wunderheilung. Schließlich wird mancher vom Krebs geheilt und bleibt trotzdem kreuzunglücklich, weil er alles für selbstverständlich ansieht. Ich durfte schon so oft voller Freude erleben, wie Menschen neuen Lebensmut schöpften und das Leben neu anpackten. Das ist vielleicht ein Kick! Du bist bestimmt dankbar dafür, dass du Arme und Beine hast, aber ich bin jeden Tag wieder froh, dass sie mir fehlen. Ich finde, das größte Wunder ist eine Verwandlung von innen heraus.

Manchmal tun mir die Leute leid, die nicht an ein Leben nach dem Tod glauben können. Dabei hat Gott es versprochen, und zwar in einer Welt ohne Schmerz und ohne Krankheit. Der Gedanke, nur diesen kleinen Fetzen Leben hier zu haben, macht mich traurig. Ich möchte Milliarden von Jahren leben, bis in alle Ewigkeit! Und solange ich noch hier bin, möchte ich eine Spur hinterlassen, die genauso lange hält. Wie viel Geld ich verdient habe und wie viele tolle Autos ich hatte, ist am Ende unwichtig. Was zählt, ist, dass ich bereit war, anderen zu helfen und einer großen Sache zu dienen.

Dein Leben ohne Limits

Wir wissen nicht, wie lange uns bleibt. Deswegen sollten wir miteinander so liebevoll umgehen, als wäre es unser letzter Tag hier auf Erden. Genieß dein Leben in vollen Zügen, und sei dankbar für jeden Tag, an dem du morgens aufwachst!

Danke!

Zuerst danke ich Gott: dem Sohn, dem Vater und dem Heiligen Geist.

Wie sehr ich mich darüber freue, meiner Frau für ihre Liebe und Unterstützung danken zu können, kann ich nicht in Worte fassen. Ich liebe dich, *mi amor*!

Meinen Eltern Boris und Dushka Vujicic möchte ich danken, dass sie die tragenden Säulen meines Lebens sind. Danke, Mom und Dad. Meinem Bruder Aaron, der auch mein Trauzeuge war – danke dir und deiner Frau Michelle für eure Liebe und dafür, dass ihr mich auf den Teppich zurückholt, wenn es nötig ist. Meine Schwester Michelle: Danke, dass du an mich und meine Träume geglaubt hast. Ich danke meiner neuen Familie, den Miyaharas und Osunas, meiner Schwiegermutter Esmeralda, meinen neuen Brüdern Keisuke, Kenzi und Abraham und meiner neuen Schwester Yoshie – danke, dass ihr mich so liebevoll in euren Kreis aufgenommen habt.

Mein Dank gilt auch allen Verwandten und Freunden, die mich die Jahre über unterstützt und ermutigt haben. Ihr habt alle zu meinem Erfolg beigetragen, und ich danke euch. George Miksa – Gott möge dich weiterhin tragen und segnen. Danke, dass du mir geholfen hast, *Life Without Limbs* in den USA zu starten.

Ich danke dem Vorstand von *Life Without Limbs* und ihren Familien: Batta Vujicic, David Price, Dan'l Markham, Don McMaster, Terry Moore und John Phelps. Auch dem Beirat möchte ich herzlich danken. Ein großes Dankeschön auch an alle fleißigen und treuen Mitarbeiter von *Life Without Limbs*.

Macht weiter so! Ignatius Ho, danke, dass du unseren Ableger in Hongkong betreust. Ich danke der *Apostolic Christian Church of the Nazarean,* vor allem der Ortsgemeinde in Pasadena dafür, dass sie hinter mir steht. Vielen Dank auch an das Team von *Attitude is Altitude,* das mich unterstützt und für mich betet.

Ein besonderes Dankeschön gilt Wes Smith und seiner Frau Sarah. Wes, einen besseren Ghostwriter hätte ich mir nicht wünschen können. Ich bin sehr stolz auf unsere beiden Bücher!

Wieder einmal danke ich meinen beiden Agenten Jan Miller Rich und Nena Madonia bei Dupree Miller & Associates, die von Anfang an an mich und mein Ziel geglaubt haben. Genauso möchte ich dem Verlag WaterBrook Multnomah und dem bewährten Team, das dort seine großartige Arbeit tut, danken, darunter Michael Palgon, Gary Jansen, Steve Cobb und Bruce Nygren.

Zu guter Letzt: Tausend Dank an alle, die mich, meine Frau und unsere Arbeit im Gebet tragen und finanziell unterstützen. Dank euch können wir bei *Life Without Limbs* unsere Ziele erreichen.

Ich hoffe, dass jeder, der dieses Buch liest, irgendwie bereichert wird. Mögen meine Worte euer Herz und euern Verstand erfrischen und beflügeln!

Freihändig

Warum mich und dich
so schnell nichts aufhält

256 Seiten, gebunden, mit Fotos
ISBN 978-3-7655-1583-5

Mich kann so schnell nichts aufhalten, sagt Nick Vujicic, der beliebte Bestsellerautor und Motivationstrainer. Auch ohne Arme und Beine hat er in seinem Leben schon viele Hindernisse überwunden. Sein unbändiger Glaube, den er täglich in die Tat umsetzt, gibt ihm die Kraft, nicht aufzugeben und beinahe Unglaubliches zu erreichen.

In Freihändig motiviert Nick dazu, die eigenen Überzeugungen zu leben, Hindernisse als Chancen zu sehen und seine Bestimmung zu finden. Er weiß, dass mit der richtigen Portion Gott- und Selbstvertrauen erstaunliche Kraftreserven in jedem von uns schlummern.

Wunder gibt es immer wieder. Deswegen habe ich auch ein Paar Schuhe im Schrank – nur für den Fall. Aber bis dahin lege ich die Hände nicht in den Schoß. Nick Vujicic

BRUNNEN VERLAG GIESSEN
www.brunnen-verlag.de